marie claire Maison

IDÉES-DÉCO

PATINES, PIGMENTS, POCHOIRS, DÉCORS PEINTS...

Éditions marie claire

RÉDACTION
10, boulevard des Frères-Voisin,
92792 Issy-les-Moulineaux Cedex 9.
Tél. : 01 41 46 85 04. Fax : 01 41 46 84 36.
Internet : www.marieclairemaison.com
E-mail : mcmredaction@gmc.tm.fr

Directrice de la rédaction :
Caroline Tiné

Rédactrice en chef :
Marie Kalt

Directeur artistique :
Olivier Foltzer

COMMUNICATION
Directrice de la communication
Catherine Velle
Tél. : 01 41 46 87 72

DIRECTION D'ÉDITION
Directeur Copyright & Diversification
Thierry Lamarre
Tél. : 01 41 46 81 87

IMPRESSION
G. Canale & C., Turin (Italie)

DIRECTEUR DE LA PUBLICATION
Évelyne Prouvost-Berry

N° ISBN : 2-84831-022-7

Marie Claire Maison est édité
par Marie-Claire Album S.A. Capital 288 640 euros.
Siège : 10, boulevard des Frères-Voisin,
92792 Issy-les-Moulineaux Cedex 9.
Tél. : 01 41 46 88 88.
Durée 65 ans du 2.02.55.
N°552.062.770 R.C.S. Nanterre
Principal actionnaire : Holding Évelyne Prouvost.
Président : Évelyne Prouvost-Berry.
Dépôt légal : 1er trimestre 2004.
Commission paritaire n°56 192.

IDÉES-DÉCO

PATINES, PIGMENTS, POCHOIRS, DÉCORS PEINTS…

Directrice de la rédaction
Caroline Tiné

Rédactrice en chef
Marie Kalt

Directeur artistique
Olivier Foltzer

Textes
Isabelle Reisinger

Enquêtes
Anne-Sophie Puget

Recherche iconographique
Gaël Reyre-Deniel

Sommaire

Du bleu nuagé à la chaux

MATÉRIEL

Chaux en pâte prête à l'emploi
Pigments bleu outremer et ocre rouge
Eau
Éponge ou chiffon
Fixateur (caséine en pastille ou en granule ou colle cellulosique).

OÙ TROUVER ?

- *Chaux en pâte : chez Cléton, Matières ou Laverdure.*
- *Pigments naturels : chez Cléton, HMB-BDA, Laverdure ou Établissements Chauvin.*
- *Éponge naturelle : chez Cléton ou dans les grandes surfaces de bricolage.*
- *Caséine ou colle cellulosique : chez Cléton ou Laverdure.*

Parce que les pigments bleus sont utilisés partout dans le monde, Paola Navone, designer italienne et grande voyageuse, les a utilisés pour teinter le badigeon à la chaux passé sur les murs de sa maison de Milan, installée dans un ancien entrepôt de gorgonzola. Passé à l'éponge, le badigeon permet de délaver plus ou moins la couleur et d'obtenir ainsi un étonnant camaïeu à l'effet nuagé.

RÉALISATION

1. Pour obtenir un gris bleuté, mélanger une dose de pigments bleus et une dose de pigments ocre rouge avec un peu d'eau pour faire une pâte homogène.

2. Préparer un badigeon liquide en diluant la pâte de chaux avec de l'eau et le fixateur. Il faut que le mélange obtenu soit suffisamment fluide pour être passé rapidement et sans effort (au moins deux volumes d'eau pour un volume de chaux).

3. Ajouter la teinture au badigeon de chaux. Comme la densité de la couleur diminue de moitié en séchant, ne pas hésiter à faire une teinte un peu soutenue, sans dépasser les quantités maximum de pigments au-delà desquelles on fragilise la chaux (entre 15 % et 25 % du poids de la chaux).

4. Passer le badigeon sur les murs au spalter puis essuyer avec une éponge naturelle ou un chiffon en tamponnant.

DES MURS EXTÉRIEURS PEINTS À LA CHAUX

MATÉRIEL

Chaux en pâte prête à l'emploi
Lessiveuse de 50 l
Eau
Spalter
Colle vinylique ou liant acrylique.

OÙ TROUVER ?

- *Chaux en pâte : chez Laverdure.*
- *Colle vinylique (Caparol) ou liant acrylique : chez Laverdure ou dans les grandes surfaces de bricolage.*

Lorsqu'elle a transformé cette ancienne ferme d'Ibiza en hôtel de charme, Françoise Pialoux a su préserver son identité en respectant la tradition méditerranéenne. Les façades extérieures ont été peintes avec du lait de chaux dans lequel on a ajouté quelques gouttes de bleu de méthylène pour lui donner plus d'éclat. Contrastant avec cette blancheur, les fenêtres et les portes ont été soulignées d'un bleu de mer qui éloigne les moustiques.

RÉALISATION

1. Verser la chaux en pâte dans la lessiveuse en la malaxant avec un bâton. Recouvrir la chaux d'eau pour obtenir un badigeon (2 volumes d'eau pour un volume de chaux) et remuer.

2. Appliquer sur le mur avec un spalter ou une grosse brosse à tapisser sans cesser de remuer. Pour un beau résultat, passer trois couches et laisser sécher au moins 24 heures entre chacune.
Attention : on ne peut appliquer la chaux que sur de la pierre, de la brique, du béton cellulaire ou du parpaing. Si tel n'est pas le cas, il faut ajouter une colle vinylique ou un liant acrylique dilué à l'eau.
La chaux, qui a des vertus antiseptiques, est peu résistante : il faut renouveler le badigeon tous les ans pour garder sa belle blancheur.

162

DES APLATS COLORÉS AU MORTIER DE CHAUX

MATÉRIEL

Chaux aérienne
Sable blanc très fin
Pigments : orange de Cadmium, ocre rouge, ocre jaune et ombre naturelle
Fixateur (caséine)
Lessiveuse
Bâton
Brosse

OÙ TROUVER ?

- *Pigments : chez HMB-BDA, la Société des ocres de France et Établissements Chauvin.*
- *Sable : magasins spécialisés en matériaux de construction.*
- *Chaux aérienne : chez Cléton ou Laverdure, et CESA en province.*
- *Caséine : chez HMB-BDA, à la Marchande de couleurs, chez Laverdure ou Cléton.*

Dans cet appartement marseillais, peintures et enduits ont été remplacés par une technique très ancienne de mortier de chaux, préparé avec des pigments 100 % naturels issus des carrières d'ocre de la région. Quelques essais de couleurs ont d'abord été faits, dans des tons de terre, puis conservés, comme un bel exercice de style, avant de choisir un safran et un gris brun. L'ensemble de ces tons très chauds donne aux murs l'intensité d'un tableau d'art moderne.

RÉALISATION

1. Pour la couleur safran : dans la lessiveuse, verser dans l'ordre 1 volume de sable blanc aussi fin que le pigment, 1 volume de pigments (orange de Cadmium, ocre rouge et ocre jaune), 1 volume de chaux. À ce stade, on a déjà une bonne idée de la couleur que l'on obtiendra sur les murs. Ajouter ensuite 2 volumes d'eau, dans laquelle on aura préalablement ajouté le fixateur (5 à 10 % du poids de la chaux). Bien remuer avec un bâton.

2. Laisser reposer au moins 24 heures et passer le mélange à la brosse sur les murs.

3. Pour le gris brun : mélanger 1 volume d'ombre naturelle avec 1 volume de chaux aérienne et 1 volume de sable. Ajouter 2 volumes d'eau mélangée au fixateur (5 à 10 % du poids de la chaux). Laisser reposer puis passer sur le mur à la brosse, comme le mortier safran.

4. Attention : cette recette n'est valable que pour un support en ciment ou passé à la chaux (si ce n'est pas le cas, il faudra préparer le fond avec une peinture acrylique mate mélangée à de la colle à carrelage).

UNE PEINTURE BLANCHE À EFFET CHAUX

MATÉRIEL

Rouleau, brosse, éponge
Colorants gels
Taloche

OÙ TROUVER ?

- *Rouleau, brosse, éponge, taloche : chez Cléton ou dans les grandes surfaces de bricolage.*
- *Peinture Alpha Avignon : chez Sikkens.*
- *Peinture Volcalis : chez Tollens.*

Accrochée à flanc de colline sur une île des Cyclades, cette maison a été construite avec des matériaux traditionnels récupérés alentour. Dans la chambre monacale, les murs très épais et l'alcôve en maçonnerie où le lit occupe toute la place ont été crépis, lissés à la taloche puis passés à la chaux. Comme cette technique demande un peu de savoir-faire et nécessite d'être renouvelée régulièrement, on peut utiliser une peinture plus simple à appliquer qui recréera le même aspect mat et velouté, typique des maisons méditerranéennes.

RÉALISATION

1. Pour un fini mat et velouté : choisir une peinture de décoration « effet de chaux » qui se pose exactement comme une peinture acrylique, sans vernis de protection (Alpha Avignon, disponible en quarante teintes inspirées des couleurs du Sud).

2. Pour de beaux unis mats ou un aspect patiné : à base de chaux éteinte, choisir une peinture à l'eau, prête à l'emploi, qui s'applique au rouleau et à la brosse pour un uni ou à l'éponge pour un effet de patine (Volcalis, disponible en vingt-sept teintes).

UNE PEINTURE ACRYLIQUE COULEUR D'ÉPICES

MATÉRIEL

Peinture acrylique blanche
Liant acrylique mat
Pigments de terre ou d'ocre
Eau déminéralisée
Vernis uréthanne ou alkyde mat

OÙ TROUVER ?

- *Peinture acrylique blanche : dans les grandes surfaces de bricolage.*
- *Liant acrylique mat : chez Laverdure.*
- *Pigments de terre ou d'ocre : chez la Société des ocres de France, Établissement Chauvin, Laverdure, Cléton.*
- *Eau déminéralisée : dans les grandes surfaces.*
- *Vernis uréthanne ou alkyde mat : chez Laverdure et dans les grandes surfaces de bricolage.*

Au cœur des paysages sauvages qui bordent Essaouira, au Maroc, la décoratrice américaine Nancy Bridger a investi une ancienne forteresse à laquelle elle a redonné toute sa beauté et son authenticité en choisissant des matières brutes et des tons de terre et d'épices. Ainsi, dans la cuisine, le plan de travail en maçonnerie de béton a été recouvert d'une peinture acrylique additionnée de pigments naturels couleur curry, en harmonie totale avec l'esprit du lieu.

RÉALISATION

Très chargées en pigments blancs, les peintures acryliques blanches « pastellisent » fortement les couleurs que l'on y ajoute. Pour obtenir une couleur dense sur une base acrylique, il faut donc mélanger les pigments à un liant acrylique.

1. Mélanger les pigments avec un peu d'eau déminéralisée, jusqu'à obtenir une pâte bien homogène que l'on incorporera au liant acrylique. Faire des essais de couleurs car les teintes changent en séchant.

2. Peindre le mur avec la peinture acrylique blanche puis passer une couche de ce mélange au pinceau ou à la brosse spalter. Attendre qu'elle soit bien sèche et repasser une seconde couche si nécessaire.

3. Protéger avec une couche de vernis mat. Attention, la teinte peut foncer légèrement.

Des couleurs saturées avec des pigments

MATÉRIEL

Chaux en pâte
Pigment
Eau
Fixateur (sel d'alun, caséine, sicalatex ou colle de peau)
Spalter et brosse à badigeon

OÙ TROUVER ?

- *Chaux en pâte : chez Laverdure, Cléton, Matières.*
- *Pigments : chez Laverdure, Établissements Chauvin et à la Société des ocres de France.*
- *Fixateur : sel d'alun aux Établissements Chauvin, caséine, sicalatex ou colle de peau chez Laverdure.*
- *Spalter et brosse à badigeon : chez Cléton ou Laverdure.*

Sur les murs de cette belle demeure provençale du XIXe siècle, l'antiquaire marseillaise Anne Rueyres, spécialiste des pigments naturels, a décliné toutes les nuances de la tradition méditerranéenne. Dans la salle de bains, des parefeuilles du XVIIIe siècle, fines briques traditionnelles du Sud, sont incrustées le long de la baignoire dont l'encastrement, rouge comme celui du mur, est souligné d'un trait ocre jaune auquel vient s'opposer un brun sombre. D'inspiration très italienne, ces couleurs saturées ont été obtenues par la délicate technique *a fresco*, que l'on peut simplifier pour obtenir le même effet très dense.

RÉALISATION

Pour remplacer la technique dite *a fresco*, qui consiste à passer un mélange d'eau, de pigments et de liant sur un enduit frais, et qui demande une très bonne maîtrise des enduits, on peut multiplier les couches de badigeon de chaux teintée.

1. Pour la couleur : mélanger les pigments (maximum : 25 % du poids de la chaux pour les terres, 15 % pour les oxydes) avec un peu d'eau pour obtenir une pâte bien homogène. Laisser reposer.

2. Faire un badigeon de chaux (2 volumes d'eau, 1 volume de chaux), y incorporer la pâte de pigments et le fixateur (5 à 10 % du poids initial de la chaux), bien mélanger.

3. Humidifier légèrement le mur avec un vaporisateur, puis passer le badigeon coloré au spalter. Recommencer jusqu'à obtenir la teinte voulue.

72%
GARANTI

DE L'ARDOISE PEINTE À LA CHAUX

MATÉRIEL
Chaux en pâte
Huile d'olive
Brosse à badigeon
(poils très souples)

OÙ TROUVER ?
- *Chaux en pâte : chez Cléton, Laverdure, Matières.*
- *Brosse à badigeon : chez Cléton.*
- *Brosse à papier peint dans les grandes surfaces de bricolage.*

Dans cette petite maison traditionnelle des Cyclades, toutes les pièces convergent vers une cour intérieure entièrement pavée de dalles d'ardoise. Comme il est de coutume dans les îles grecques, les bordures des marches et des murets ont été entourées d'une large bande blanche peinte à la chaux qui permet de mieux les voir quand il fait nuit.

RÉALISATION

1. Diluer la chaux en pâte avec de l'eau pour obtenir un lait de chaux bien liquide (environ 1 volume de chaux pour 10 volumes d'eau). Pour que la peinture accroche sur l'ardoise, les Grecs ajoutent quelques gouttes d'huile d'olive.

2. Passer la chaux avec la brosse. Quand on l'applique, la peinture est presque transparente. Elle devient d'un blanc éclatant en séchant. Attention : bien enlever les éventuelles taches de chaux quand elles sont humides, car une fois sèches elles sont impossibles à retirer !

3. Reblanchir régulièrement en repassant une couche de lait de chaux. Avec les couches successives, la chaux prend peu à peu l'aspect d'un bel enduit épais.

A CADARACHE, CA SENT LA
POUDRE

UNE CHAUX TEINTÉE BLEU OUTREMER

MATÉRIEL

Chaux aérienne en pâte
Pigment bleu outremer ou bleu MC
Eau
Alcool à brûler
Balai-brosse

OÙ TROUVER ?

- *Chaux en pâte : chez Cléton, Matières ou Laverdure.*
- *Pigments naturels : chez Laverdure, Cléton, HMB-BDA ou Établissements Chauvin.*

Au Maroc, les murs chaulés, généralement éclatants de blancheur, prennent parfois une teinte bleue très dense qui adoucit la lumière et met en valeur la sobriété des décors. Ainsi, dans la salle de bains de cette ancienne maison de pêcheur restaurée par Françoise Dorget, créatrice des boutiques Caravane et Chambre 19, plusieurs couches de chaux pigmentée ont permis d'obtenir cette couleur intense qui crée une délicieuse sensation de fraîcheur.

RÉALISATION

1. Diluer la poudre de pigment (15 % du poids de la chaux maximum) dans un peu d'eau jusqu'à obtenir une pâte homogène, ajouter une goutte d'alcool pour faciliter la dispersion des pigments gras dans l'eau. Laisser reposer.

2. Pour teinter la chaux, ajouter les pigments en mélangeant bien avec un bâton. Bien noter les quantités afin de pouvoir refaire le mélange si nécessaire.

3. Appliquer la chaux sur les murs avec un balai-brosse (comme on le fait au Maroc) ou une brosse à tapisser. L'intensité de la couleur diminuant de moitié en séchant, il faut multiplier les passages. On peut d'ailleurs jouer avec cette contrainte pour créer des effets de matière en passant le balai de façon irrégulière. Attention : on ne peut appliquer la chaux que sur de la pierre, de la brique, du béton cellulaire ou du parpaing. Si tel n'est pas le cas, il faut ajouter une colle vinylique ou un liant acrylique dilué à l'eau.

Un enduit effet béton

MATÉRIEL

Colle à carrelage
Pigments terre d'ombre
Peinture acrylique blanche
Toile émeri
Taloche
Brosse à badigeon

OÙ TROUVER ?

- *Colle à carrelage, peinture, toile émeri : au BHV, dans les grandes surfaces de bricolage.*
- *Pigments, brosse à badigeon, taloche : chez Laverdure, Décor Plus, Établissements Chauvin.*

Dans son loft perché au 33e étage d'un immeuble new-yorkais, le danseur Tommy Tune a débarrassé les murs de leurs enduits et laissé apparaître le béton brut qu'il a légèrement poncé à la toile émeri pour le rendre lisse et doux. Les colorations foncées se sont alors estompées, révélant des parties claires, comme si l'on avait passé une peinture à l'éponge. Un effet très lumineux que l'on peut reproduire avec un enduit à base de colle à carrelage teintée.

RÉALISATION

La colle à carrelage a la couleur grise et l'aspect brut du béton : on peut l'appliquer comme un enduit sur les murs et les sols, la colorer dans la masse et la badigeonner pour des effets et des nuances très variées.

1. Pour réchauffer la teinte de la colle à carrelage, ajouter une petite quantité de pigments de terre d'ombre.

2. Appliquer la colle à carrelage à la taloche, comme un enduit. Laisser sécher.

3. Poncer à la toile émeri pour aplanir les aspérités les plus importantes.

4. Avec une brosse à badigeon, passer une peinture acrylique blanche très diluée de façon à laisser transparaître la couleur grise d'origine. Laisser sécher et reponcer légèrement si nécessaire, pour accentuer les nuances de couleurs.
Il existe des revêtements « effet béton » tout prêts (par exemple, celui de L'Esprit Peinture, au BHV) : plus facile à mettre en œuvre, ils peuvent être teintés avec des terres colorantes, et ferrés ou brossés.

UN ENDUIT COLORÉ AUX PIGMENTS

MATÉRIEL

Enduit de lissage ou de rebouchage
Pigments Rouge vénitien et Terre de Sienne brûlée
Couteaux à enduire ou lisseuse
Mélangeur
Vernis mat

OÙ TROUVER ?

- *Enduit de lissage ou de rebouchage, couteau à enduire ou lisseuse mélangeur, vernis mat : dans les grandes surfaces de bricolage.*
- *Pigments minéraux : chez Décor Plus, Cléton, HMB-BDA, Établissements Chauvin.*

Transformée en maison de week-end par Munnu Kasliwal, un bijoutier renommé de Jaipur, cette ancienne ferme du Rajasthan a gardé l'authenticité de ses origines rustiques. Un enduit de lissage coloré avec des pigments a permis d'obtenir le beau ton de brique qui habille les murs de la salle de bains ainsi que le meuble de toilette dans lequel est encastré le lavabo.

RÉALISATION

1. Mélanger 1 dose de pigments Terre de Sienne brûlée pour 10 doses de pigments Rouge vénitien avec un peu d'eau pour obtenir une pâte bien homogène. Laisser reposer un moment.

2. Réaliser l'enduit de lissage, en malaxant la poudre pour obtenir une pâte homogène. Incorporer les pigments à l'aide d'un mélangeur, en respectant les quantités de pigments par rapport au poids de l'enduit sec (25 à 30 % de pigments maximum).

3. Il est conseillé de faire des essais de coloration avec l'enduit en notant scrupuleusement les proportions de pigments. Les peintres-décorateurs le font toujours pour éviter les mauvaises surprises.

4. Appliquer l'enduit teinté avec un couteau à enduire ou une lisseuse. Laisser sécher et protéger avec un vernis acrylique mat dilué à l'eau.

DES MURS RECOUVERTS DE TADELAKT

MATÉRIEL

Chaux aérienne
Pigments naturels
Poudre de marbre
Eau
Lisseuse
Corne de cuisinier (morceau de plastique souple et épais)
Galet de rivière
Savon noir

OÙ TROUVER ?

- *Chaux aérienne : chez Laverdure ou CESA en province.*
- *Pigments naturels : chez Sennelier, la Société des ocres de France ou Établissements Chauvin.*
- *Poudre de marbre, savon noir : chez Cléton ou Laverdure.*
- *Corne de cuisinier : chez Dehillerin, La Bovida.*

Typiquement marocaine, la technique du tadelakt, à base de chaux pigmentée longuement polie, donne un aspect velouté et légèrement brillant, proche de celui de la pierre polie. Mise au point à l'origine afin de protéger les murs des hammams de l'humidité, elle peut aussi être utilisée pour les salles de bains, les éviers et les douches, comme dans cette belle demeure de Marrakech, restaurée dans le respect des traditions par un couple de Français.

RÉALISATION

Le tadelakt est un enduit difficile à mettre en œuvre. Voici les grandes lignes de sa réalisation, expliquée en détail dans le livre de Solène Delahousse, *Le Tadelakt, un décor à la chaux* (Éd. Massin).

1. Mélanger la chaux en poudre (1 volume), la poudre de marbre (2/3 de volume) et les pigments naturels (15 % maximum par rapport au poids de la chaux). Ajouter de l'eau jusqu'à obtention d'une pâte ferme.

2. Humidifier le support. Quand l'eau a pénétré, appliquer une première couche fine d'enduit à la lisseuse. Sans attendre que celle-ci soit sèche, appliquer une deuxième couche plus épaisse du même enduit coloré.

3. Aplanir l'enduit encore légèrement humide avec un plastique (qui doit être souple et épais) en l'écrasant fortement. L'enduit ne doit pas laisser de dépôt sur le plastique.

4. Quand l'enduit est dur, mais pas tout à fait sec, passer de l'eau savonneuse (une noisette de savon noir pour 1 verre d'eau) au pinceau (sur une petite surface) puis lisser longuement à l'aide d'un galet de rivière jusqu'à ce que l'eau ait pénétré. Sur un mur, travailler de bas en haut. C'est ce travail particulier de polissage qui donne à la surface enduite cet aspect particulier.

L'ASPECT MARBRÉ DU STUCCO ANTICO

MATÉRIEL

Enduit décoratif stuqué
(CMP, Tollens)
Spatule dite « de carrossier »
Papier de verre très fin
Cire incolore naturelle

OÙ TROUVER ?

- *Enduit décoratif stuqué : chez Mise en teinte à Paris (enduits CMP) et dans les grandes surfaces de bricolage.*
- *Spatule fine dite « de carrossier », cire incolore naturelle : chez Cléton, Laverdure ou Décor Plus.*

Emprunté aux Vénitiens qui en revêtent depuis des siècles les murs de leurs palais, cet enduit décoratif à base de chaux, de poudre de marbre, de pigments, de talc et d'eau reproduit l'aspect lisse et nuageux du marbre précieux. C'est cette technique que le décorateur Didier Gomez a employée pour couvrir les murs de son riyad d'Essaouira. Pour la réussir, il est plus simple de partir d'enduits décoratifs prêts à l'emploi.

RÉALISATION

1. Sur une peinture acrylique, appliquer l'enduit avec une spatule souple et propre, en le travaillant en papillon. Laisser sécher, poncer légèrement au papier de verre pour lisser.

2. Il faut faire deux ou trois passes successives d'enduit, espacées de quelques heures, pour couvrir entièrement le fond.

3. Quand l'enduit est parfaitement sec, ferrer à l'aide d'une spatule neuve. C'est cette opération qui lustre l'enduit et fait ressortir les nuances de couleurs.

4. Protéger le stucco en passant une cire incolore.

المملكة المغربية
وزارة الأوقاف والشؤون الإسلامية
المملكة المغربية
وزارة الأوقاف والشؤون الإسلامية

Un sol et un soubassement en béton teinté dans la masse

MATÉRIEL

Ciment blanc ou gris clair
Sable très fin (0 à 2 mm)
Gravier très fin (2 à 8 mm maximum)
Eau
Colorants spécifiques (Bayer)

OÙ TROUVER ?

- *Ciment blanc ou gris clair, sable fin, gravier : dans les grandes surfaces de bricolage ou chez les négociants en matériaux de construction.*
- *Colorants spécifiques (Bayer) : B-Ton Design.*

Réalisée par l'architecte Anne Molfessis pour le loft parisien de Nathaly Nicolas et Gerardo Iannelo, cette salle de bains a été conçue dans un esprit contemporain où le béton brut tient la vedette. Lissé uniformément sur le sol et au long du mur, il a été teinté dans la masse avec des colorants spéciaux pour obtenir cette couleur terre qui lui ôte toute froideur et lui donne l'élégance d'une patine.

RÉALISATION

1. Mélanger au malaxeur : le ciment (1 dose), le sable (2 doses), le gravier (1 dose), l'eau (environ 3,5 l pour 25 kg de béton sec) et les colorants, en respectant les doses préconisées par les fabricants (2 à 5 % du poids total du béton sec, 10 % maximum). Plus les agrégats sont clairs, plus la teinte finale sera vive.

2. Appliquer le béton dans une pièce ventilée, à température constante (20° minimum). Laisser sécher 28 jours. Ce délai doit impérativement être respecté pour une bonne résistance du béton. Attention : le béton étant un matériau délicat à mettre en œuvre, mieux vaut s'adresser à un spécialiste ou aller chez B-Ton Design qui donne conseils de réalisation et adresses de poseurs.

L'ASPECT PATINÉ DU PLÂTRE-CHAUX

MATÉRIEL

Mortier prêt à l'emploi
ou plâtre, chaux et sable
Pigments noirs et ocre rouge
Cire naturelle incolore

OÙ TROUVER ?

- *Mortier prêt à l'emploi ou plâtre, chaux et sable : dans les grandes surfaces de bricolage.*
- *Pigments, cire naturelle incolore : chez Cléton, Laverdure.*

Entièrement rénové par l'architecte François Muracciole, cet ancien atelier de mécanique situé au fond d'une cour de Belleville est devenu un lieu vivant et lumineux. Les murs sont enduits de plâtre-chaux teinté brut, un matériau très décoratif ressemblant à la pierre que l'on peut aussi passer à la cire d'abeille, comme ici, pour le foncer légèrement et lui donner un aspect patiné.

RÉALISATION

1. Faire le mortier : mélanger plâtre (40 %), chaux (40 %) et sable (20 %) à sec. Ajouter l'eau et les pigments noirs avec une pointe d'ocre rouge réduits en pâte homogène.

2. Projeter le mortier sur les murs avec une machine : ainsi appliqué, il est plus dense. Lisser.

3. Après une semaine de séchage, passer une couche de cire d'abeille.
Attention : ce travail demande un certain savoir-faire, mieux vaut le confier à un plâtrier professionnel.

L'ASPECT SATINÉ DU PLÂTRE CIRÉ

MATÉRIEL

Plâtre ordinaire
Colle à placoplâtre à poudre
Cire naturelle incolore
Couteau à enduire
Large pinceau plat
Chiffon très doux

OÙ TROUVER ?

• *Plâtre ordinaire, colle à placoplâtre à poudre, couteau à enduire, pinceau : au BHV, dans les grandes surfaces de bricolage.*
• *Cire naturelle incolore : chez Cléton, Laverdure.*

À Bouliac, dans cette vaste chambre-salon de l'hôtel Saint-James, signé par l'architecte Jean Nouvel, murs et plafond sont en plâtre ciré. Cette technique un peu délicate permet de retrouver l'aspect authentique des plâtres anciens. Lustré au chiffon doux pour un effet satiné ou laissé mat, le plâtre ciré crée toujours une atmosphère intime et chaleureuse.

RÉALISATION

1. Faire un mélange avec 2/3 de plâtre et 1/3 de colle à placoplâtre. Ajouter de l'eau jusqu'à obtenir un enduit un peu consistant (comme du fromage blanc frais). Attention : mieux vaut travailler avec de petites quantités et les renouveler régulièrement.

2. Appliquer cette pâte sur les murs, en une seule couche et lisser avec un grand couteau large (angle de 45°) en appuyant bien. Dans une mansarde, il faut le projeter avec une truelle et le lisser ensuite.

3. Lorsque le plâtre est parfaitement sec (compter 1 semaine), passer la cire naturelle au pinceau plat en deux ou trois couches successives espacées de 48 heures.

4. Une fois la cire sèche, lustrer au chiffon très doux et non pelucheux. Pour maintenir le poli, il est nécessaire de recirer une fois par an environ.

Des boiseries patinées dans un ton fané

MATÉRIEL

Peinture acrylique mate blanche
Peinture d'apprêt acrylique blanche (J4 de Julien)
Pigments Rouge cardinal, Terre de Sienne brûlée, ocre.
Blanc de Meudon
Vernis aquaréthane mat
Veinette à bois (pinceau à faux bois)
Chiffon

OÙ TROUVER ?

- *Peinture blanche et peinture d'apprêt acryliques : grandes surfaces de bricolage.*
- *Blanc de Meudon : chez Rougier & Plé, Loisirs et Création, et dans les drogueries*
- *Pigments ou colorants, vernis aquaréthane mat, veinette à bois : chez Cléton, Laverdure, Décor plus.*

Installé au premier étage d'un immeuble parisien du XVIIe siècle, l'appartement-showroom du créateur Philippe Model déroule une somptueuse enfilade de salons de réception. En mêlant les teintes un peu fanées, les reflets chatoyants des velours et des damas, il a reconstitué le décor d'un palais XVIIIe, comme dans cette pièce où les murs recouverts de boiseries soulignées de baguettes et de moulures ont été patinés dans une nuance de rose poudré très doux.

RÉALISATION

1. Peindre les boiseries à la peinture acrylique mate blanche.

2. Mélanger la peinture d'apprêt blanche dans le vernis (3 cuillères à soupe pour 1 l de vernis).

3. Diluer les pigments (2 pincées de rouge cardinal, 1 pincée de Terre de Sienne brûlée et une pointe d'ocre) dans un peu d'eau en les écrasant au pilon pour faire une pâte homogène. L'ajouter au vernis, avec 1 pincée de blanc de Meudon.

4. Appliquer sur les boiseries à la veinette pour un effet peigné ou au chiffon pour un effet essuyé.

Réaliser une patine vieillie

MATÉRIEL

Décapant
Enduit maigre
Peinture acrylique mate
Papier de verre gros grain
Cires teintées
Brosse en chiendent
Éponge naturelle

OÙ TROUVER ?

- *Enduit maigre (Polyfilla, Touprêt...) et décapant : au BHV et dans les grandes surfaces de bricolage.*
- *Peinture acrylique : chez Mise en teinte, Farrow & Ball, Ressource et dans les grandes surfaces de bricolage.*
- *Cires teintées : chez Laverdure. ou Cléton et dans les grandes surfaces de bricolage.*
- *Éponge naturelle et gants, dans les grandes surfaces de bricolage et les drogueries.*

Pour donner une illusion d'espace, le décorateur Frédéric Méchiche a meublé cette toute petite maison du Midi comme une vaste demeure. Dans la salle à manger, les meubles du XVIIIe siècle ont été recouverts d'une « patine meurtrie », technique très particulière qui laisse apparaître des couches successives, comme si la peinture avait vieilli et s'était écaillée avec le temps.

RÉALISATION

1. Sur un bois décapé mais non poncé, passer une couche d'enduit maigre. Laisser sécher et gratter l'excédent.

2. Passer une à deux couches de peinture acrylique mate, de préférence blanche ou pastel. Laisser à nouveau sécher puis poncer avec du papier de verre tous les endroits supposant une usure (moulures, socle, plateau...) pour mettre le bois à nu, en laissant des dégradés d'enduit et de peinture.

3. Finir avec des cires teintées (et même des cirages à chaussures !) avant de polir à la brosse en chiendent.

Une peinture à l'éponge façon enduit taloché

MATÉRIEL

Peinture acrylique
Vernis acrylique mat
Pigment Terre d'ombre brûlée
Pinceau large
Éponge
Cire

OÙ TROUVER ?

- *Peinture, vernis, cire : au BHV et dans les grandes surfaces de bricolage.*
- *Pigments : chez Sennelier, Décor Plus, Laverdure, Établissements Chauvin.*

C'est en utilisant des matériaux traditionnels et des couleurs naturelles que le paysagiste Alain David-Idoux a restauré cette bastide du XVIIIe siècle située dans les environs d'Apt, dans le Vaucluse. Un ton très chaleureux d'ocre a été choisi pour les murs, talochés à la truelle avec un enduit à l'ancienne élaboré à base de chaux mélangée au sable de la rivière Calavon qui traverse la région. En passant à l'éponge un vernis teinté aux pigments puis ciré, on peut créer le même effet sensuel et lumineux.

RÉALISATION

1. Peindre les murs avec une peinture acrylique choisie dans un ton de miel.

2. Ouvrir le pot de vernis et le laisser à l'air libre pendant 2 ou 3 jours en le remuant de temps en temps. Rendu plus épais, il se posera plus facilement et sans coulures.

3. Faire une pâte homogène avec les pigments et un peu d'eau et la diluer petit à petit dans le vernis pour la colorer. Faire des essais de couleurs et bien noter les proportions.

4. Passer le vernis au pinceau sur les murs. Sans attendre qu'il sèche, tamponner et essuyer à l'éponge.

5. Faire une seconde passe de vernis en utilisant un ton plus soutenu ou même, une couleur complémentaire.

6. Quand le vernis est parfaitement sec, appliquer une cire ou un vernis, éventuellement très légèrement teinté pour donner plus de profondeur à la patine.

Retrouver la patine du temps

MATÉRIEL
Colle à placoplâtre en poudre
Pigments ombre naturelle et jaune
Gants en latex
Cire ou vernis aquaréthane mat (avec colle à placo uniquement)

OÙ TROUVER ?
• *Colle à placoplâtre ou enduit de lissage en poudre, gants latex, cire ou vernis acrylique : au BHV et dans les grandes surfaces de bricolage.*
• *Liant acrylique Caparol : chez Laverdure ou Cléton, dans les grandes surfaces de bricolage.*
• *Pigments : chez Sennelier, la Société des ocres de France, Établissements Chauvin.*

Le temps semble s'être arrêté dans cette petite maison parisienne coincée entre deux immeubles où l'antiquaire Michèle Batard-Téna et son mari Alain ont su préserver une atmosphère intime et chaleureuse. Dans la salle à manger, les murs un peu humides ont été doublés de fausses boiseries en contreplaqué marine dont les moulures reprennent le dessin d'une porte XVIIIe siècle. Pour parfaire l'illusion, elles ont été patinées, ainsi que le vaisselier vitré du début du XIXe siècle, avec une colle en poudre mêlée de pigments, une matière très subtile qui donne vie aux murs.

RÉALISATION

1. Mouiller la colle jusqu'à obtenir une pâte assez fluide pour être étalée à la main (consistance proche de la crème fraîche épaisse). Ajouter ensuite des pigments ombre naturelle avec une pincée de jaune. Faire des essais de couleur dans une petite quantité de colle et bien noter les proportions de pigments quand la couleur désirée est obtenue.

2. Une fois le mélange prêt, l'appliquer à la main en lissant bien, de façon à ne pas laisser de traces de doigts. Cette technique demande un peu de patience, mais le résultat mérite qu'on y passe du temps.

3. Quand les murs sont parfaitement secs, on peut passer une couche de cire ou de vernis acrylique mat en finition.

UNE PEINTURE CIRÉE POUR UN EFFET LUMINEUX

MATÉRIEL

Peinture acrylique mate rose pivoine de Robert le Héros
Vernicire
Pigments Rose Lacrose hortensia, Violet Solférino ou Rubis Lac Victoria
Spalter

OÙ TROUVER ?

- *Peinture Robert le Héros : chez Mise en teinte.*
- *Vernicire : chez Laverdure.*
- *Spalter : chez Laverdure, Cléton, Décor Plus.*

Dans sa petite maison de Montreuil, la décoratrice de cinéma Anne Israël a choisi pour les murs de sa chambre un rose indien poétique et joyeux. Afin d'éviter la monotonie d'un aplat, elle les a peints à la brosse pour moduler l'intensité de la couleur, créer un effet de transparence et de lumière, puis elle les a cirés pour donner une belle impression de patine.

RÉALISATION

1. Appliquer la peinture acrylique mate au spalter, de façon que les coups de brosse restent apparents. Pour accentuer le côté brut de cet effet, ne pas hésiter à passer la brosse dans tous les sens. Pour un aspect plus régulier, lisser à la verticale.

2. Pour densifier le rose, on peut teinter légèrement le vernis de finition (Vernicire) avec des pigments naturels : selon l'effet voulu, on ajoutera 25 à 30 g par litre (maximum) de Rose Lacrose (rose), du Violet Solférino (plus mauve) ou du Rubis Lac Victoria (parme).

3. Quand la peinture est sèche appliquer le Vernicire au pinceau : un produit miracle qui protège le mur, estompe les éraflures et accentue l'effet patiné.

UNE CHEMINÉE PATINÉE FAÇON VIEUX MARBRE

MATÉRIEL

Peintures acryliques gris mastic, gris plomb, noir
Cire
Vernis incolore mat
Éponge naturelle
Gros pinceau plat

OÙ TROUVER ?

• *Peintures acrylique gris mastic et gris plomb, gros pinceau plat : au BHV et dans les grandes surfaces de bricolage.*
• *Cire, vernis incolore mat, éponge naturelle : chez Cléton, Laverdure, Décor Plus.*

À quelques kilomètres au Nord d'Uzès, l'architecte d'intérieur suisse Eva Gnaedinger a insufflé une nouvelle vie au château de Nicolay, construit au XVIe siècle, en le transformant en chambres d'hôtes. Chaque pièce y possède sa cheminée ancienne. Celle-ci avait été peinte par un ancien propriétaire. Pour lui faire retrouver son aspect d'origine, elle a d'abord été décapée puis recouverte d'une patine qui imite le marbre ancien. Pour un effet de style, seule la moitié du manteau a été travaillée, l'autre laissant apparaître la pierre d'origine.

RÉALISATION

1. Pour épaissir la peinture : la laisser 2 ou 3 jours à l'air libre en la remuant de temps en temps avant de l'utiliser.

2. Appliquer une première couche un peu épaisse de peinture gris mastic.

3. Quand la peinture est sèche, mettre de la cire aux endroits que l'on veut écailler, puis passer une deuxième couche avec une peinture gris plomb (y compris sur la cire).

4. Une fois que la deuxième couche est sèche, gratter là où l'on a posé de la cire pour faire apparaître les écaillures. La peinture partira sans effort.

5. Passer un jus noir (peinture noire très diluée à l'eau) à l'éponge aux endroits que l'on voudra foncer. Laisser sécher et protéger avec un vernis mat si besoin.

UNE PATINE MOUCHETÉE SUR LES MURS

MATÉRIEL

Bac à rouleau plat
Brosse de ménage à poignée
Peinture acrylique blanche, grise et noire
Spatule

OÙ TROUVER ?

• *Bac à rouleau plat, brosse en chiendent, peinture acrylique et spatule : au BHV et dans les grandes surfaces de bricolage.*

Charme, décors et couleurs d'origine pour ce prieuré du XVIIIe siècle de l'île suédoise de Gotland, restauré dans un souci constant de la tradition par Evert et Solveig Malmström. Dans l'entrée, tout a été peint selon des techniques anciennes. Ainsi, au-dessus des lambris marqués d'une corniche en trompe l'œil dessinée au pinceau, les murs ont été patinés à la brosse, comme s'ils avaient été éclaboussés de peinture, créant ainsi un étonnant effet de mouchetis qui rappelle le tachisme.

RÉALISATION

1. Peindre le mur en gris. Laisser sécher.

2. Mettre un fond de peinture d'une des trois couleurs dans le bac et y tremper légèrement la brosse. L'essuyer sur le plat du bac pour enlever l'excédent de peinture et éviter les coulures.

3. Tapoter la brosse sur les murs pour faire de petites taches. Quand les murs sont suffisamment mouchetés de la première couleur, renouveler l'opération avec les autres, en ayant soin de laisser sécher entre chacune d'elles.
Plus difficile mais plus rapide, la technique d'« éclaboussures » consiste à placer les poils de la brosse près du mur et à les racler avec une petite spatule pour projeter la peinture… Réservé aux experts.

Une patine à l'ancienne au blanc de Meudon

MATÉRIEL

Peinture acrylique blanche ou grise
Blanc de Meudon
Papier de verre gros grain et grain fin
Cire liquide
Brosse en sanglier
Chiffon doux

OÙ TROUVER ?

- *Peintures : au BHV, dans les grandes surfaces de bricolage.*
- *Blanc de Meudon, chez Rougier & Plé, Loisirs et Création, et dans les drogueries.*
- *Papier de verre, cire liquide et brosse en sanglier : dans les grandes surfaces de bricolage et les quincailleries.*

Pour mieux échapper à une vie professionnelle trépidante, Ariane Mercier, haut fonctionnaire et peintre en miniature, a voulu un décor d'une extrême simplicité, presque monacal, dans son appartement parisien aux pièces immenses où trônent quelques beaux meubles d'époque. Au salon, c'est une table ronde du XIXe siècle qui tient la vedette. Patinée à l'ancienne au blanc de Meudon pour faire ressortir les traces d'usure, elle s'intègre en douceur dans le décor clair et lumineux.

RÉALISATION

1. Pour donner une impression d'épaisseur (comme si on avait passé 6 ou 7 couches), mélanger la peinture acrylique avec du blanc de Meudon.

2. Sur le meuble ni poncé ni décapé, passer une première couche, puis une autre d'un ton plus foncé.

3. Lorsque la peinture est bien sèche, gratter avec du gros papier de verre aux endroits d'usure (angles des moulures, pieds) et lustrer avec du papier de verre fin.

4. Pour un effet d'usure plus authentique, cirer le meuble avec une cire liquide pour engorger les angles et les griffures laissées par le gros papier de verre. Enlever le surplus avec un chiffon, passer une brosse en sanglier pour polir puis un chiffon doux pour lustrer.

TEINTER UN PARQUET COULEUR WENGÉ

MATÉRIEL

Teintes à bois (noir, rouge et jaune) et fond dur
Gros pinceau ou rouleau à poils courts
Pad (mousse à lustrer choisie peu abrasive)

OÙ TROUVER ?

- *Teintes à bois et fond dur (Blanchon Syntilor) : chez Autrement les sols.*
- *Brosse, chiffon ou rouleau, pad : au BHV et dans les grandes surfaces de bricolage.*

Dans l'extravagante maison londonienne du créateur de mode Matthew Williamson, on accède à la salle de bains par deux marches, prolongées par un podium dans lequel est encastrée la baignoire. L'ensemble est teinté couleur wengé, un bois exotique précieux d'un incomparable brun sombre finement veiné de noir. Ce ton aussi chaud qu'élégant peut être obtenu en mélangeant plusieurs couleurs de teintures pour parquets.

RÉALISATION

1. Préparer le parquet qui doit être parfaitement poncé et dépoussiéré, exempt de toutes traces de cire, vernis, peinture, vitrificateur…

2. Mélanger les teintes à bois selon les proportions suivantes : 1 dose de noir, 1/2 dose de rouge et 1/2 dose de jaune. On peut éventuellement doubler la dose de noir pour une teinte plus dense.

3. Appliquer uniformément à l'aide du pinceau ou du rouleau, dans le sens du bois sans trop tirer la teinte. Travailler dans une pièce bien ventilée.

4. Laisser sécher 8 heures. Égrener légèrement à la main avec le pad. Repasser une deuxième couche si nécessaire.

5. Avant d'appliquer une cire ou un vernis de protection, il faut impérativement passer une couche de « fond dur » qui protégera la teinte.

Lazurer du contreplaqué

MATÉRIEL
Lasure blanche
(Haute Protection de V33)
Papier de verre fin
Brosse
Chiffons

OÙ TROUVER ?
- *Lasure : au BHV et dans les grandes surfaces de bricolage.*
- *Papier de verre fin, brosse : dans les grandes surfaces de bricolage et les drogueries.*

Tout est blanc dans cet ancien entrepôt de Bruxelles dont la styliste Johanne Riss a fait sa maison-atelier. Le dernier étage, sous les toits, est un grand plateau de 150 m^2 où se suivent salon, chambre et salle de bains. Au sol, les grandes dalles de contreplaqué ont été simplement blanchies à la lasure, un procédé qui crée un bel effet de matière en imprégnant le bois en profondeur tout en laissant apparaître son veinage.

RÉALISATION

1. Bien nettoyer le contreplaqué de sapin (type « triply », plaques de 2,5 x 0,60 m, en 18 mm), enlever toute trace de finitions et taches éventuelles, poncer légèrement avec un papier de verre fin. Puis dépoussiérer avec une brosse ou un chiffon humide.

2. Appliquer la lasure au chiffon pour laisser apparaître les veines du bois.

3. Ce revêtement ne nécessite aucun entretien particulier, si ce n'est une lasure de temps en temps. Dans une chambre où l'on circule peu, une fois tous les 5 ans suffit.

Matisse au Maroc

Raccommoder un parquet

MATÉRIEL

Raboteuse
Plaques de tôle un peu plus grandes que les parties à réparer
Clous à tête plate
Marteau
Cire

OÙ TROUVER ?

• *Raboteuse, plaques de tôle, clous à tête plate, cire : dans les grandes surfaces de bricolage.*

Lorsque Daniel Rozensztroch, conseiller de la rédaction de *Marie Claire Maison*, a investi un ancien atelier de tapisserie du faubourg Saint-Antoine pour en faire son bureau, le parquet était percé à de nombreux endroits. Plutôt que de le changer, il l'a rafistolé à la manière d'autrefois : quand les pieds des lourdes machines usaient le sol, on réparait « à l'économie », en y clouant une plaque de métal. Un raccommodage traditionnel qui rappelle la mémoire du lieu et préserve son authenticité.

RÉALISATION

1. Raboter les parties du parquet abîmées afin de pouvoir y encastrer les plaques à fleur de sol.

2. Fixer les plaques avec des clous à tête plate espacés de 1 cm.

3. Cirer régulièrement pour éviter toute oxydation. Avec le temps, les plaques prendront une belle patine.

Laquer un parquet

MATÉRIEL

Peinture polyuréthane pour sols (V33, Blanchon Syntilor)
Rouleau ou spalter
Toile abrasive fine

OÙ TROUVER ?

- *Peinture (Sol Couleur de Blanchon Syntilor ou Peinture Sol de V33) : chez Autrement les sols ou dans les grandes surfaces de bricolage.*
- *Rouleau ou spalter, toile abrasive : chez Laverdure ou dans les grandes surfaces de bricolage.*

Pour Antoine Audiau et Manuel Warosz, graphistes, la déclinaison d'une seule couleur dans une pièce permet de mieux percevoir les variations de la lumière au cours de la journée. Pour l'entrée de leurs bureaux situés en plein cœur du Marais, à Paris, ils ont choisi un rouge éclatant. Mate sur les murs, brillante sur le parquet laqué, cette couleur excessive crée un étonnant choc visuel.

RÉALISATION

1. Le parquet (neuf ou ancien) doit être parfaitement poncé et dépoussiéré au préalable.

2. Dans le cas d'une peinture à deux composants (peinture et durcisseur séparés), verser le durcisseur dans le pot de peinture. Utiliser dans les 8 heures qui suivent. Bien mélanger avant et pendant l'application.

3. Passer une première couche, éventuellement diluée à 10 % (white spirit) au rouleau ou à la brosse. Laisser sécher 8 heures.

4. Polir légèrement la surface avec un pad ou une toile abrasive fine pour enlever les petites aspérités du bois. Dépoussiérer soigneusement.

5. Repasser une couche, non diluée, en procédant de la même façon. Pour obtenir un bel aspect brillant, 3 couches sont souvent nécessaires.

6. Attendre 48 heures avant de marcher dessus. Ne rien installer (meubles, tapis, bâches…) avant quelques jours.

POLLOCK

DÉCOLORER UN PARQUET

MATÉRIEL

Acide oxalique en cristaux
Pinceau en nylon
Eau
Gants et masque de protection

OÙ TROUVER ?

- *Acide oxalique, gants et masque : chez Laverdure.*
- *Pinceau : chez Laverdure ou dans les grandes surfaces de bricolage.*

En utilisant les matériaux les plus simples, Martha Gessler, une fleuriste polonaise passionnée de déco, a transformé un pavillon standard de la banlieue de Varsovie en une maison claire et moderne. Pour plus de douceur et de lumière, le sol en bouleau, un bois blond à grains fins, a été décoloré, laissant ainsi apparaître de beaux reflets blancs nacrés.

RÉALISATION

1. Diluer l'acide oxalique (200 à 300 g par litre) dans de l'eau chaude (60°).

2. Appliquer le mélange sur un parquet brut (exempt de toute finition) à l'aide d'un pinceau, en veillant à se protéger avec des gants et un masque. Éviter tout contact avec les yeux et la peau. Travailler dans une pièce aérée.

3. Laisser sécher 2 heures environ (1/2 heure minimum).

4. Rincer à l'eau claire. Il est indispensable de rincer très soigneusement le parquet si l'on souhaite appliquer une couche de protection : en effet, l'acide vire au violet au contact d'un vernis ou d'une cire.

UN PARQUET PEINT AU POCHOIR

MATÉRIEL
Pochoir en Rhodoïd
Colle repositionnable
Vernis à l'eau mat
Papier absorbant
Rouleau
Pinceaux à pochoir

OÙ TROUVER ?
- *Pochoirs : au Stencil Store, chez Mise en teinte, Rougier & Plé, Loisirs et Création.*
- *Pinceaux et peintures à pochoir : chez Graphigro, Créa, Loisirs et Création, Stencil Store.*
- *Liant, colle : au Stencil Store.*
- *Vernis, vitrificateur : au BHV et dans les grandes surfaces de bricolage.*

Les frises au pochoir sont les seuls ornements de cette petite maison de la campagne suédoise. Réalisés dans plusieurs couleurs, des motifs naïfs, cœurs ou fleurs sur la chaise et les soubassements, réchauffent le décor dépouillé. Pour décorer le sol en larges lattes de bois blanchi, on a choisi des dessins plus géométriques : facile à reproduire, une frise inspirée d'une rosace victorienne entoure des lignes de chaînes dans un camaïeu de vert.

RÉALISATION

1. Sur un parquet poncé et propre, placer le pochoir avec une colle repositionnable et peindre à l'acrylique en ayant soin de tremper le pinceau sur le couvercle et non dans le pot et de l'essuyer avec du papier absorbant avant de l'appliquer en tournant. Passer plusieurs fois si nécessaire mais ne pas surcharger le pinceau de peinture.

2. Une fois les motifs bien secs, appliquer un vernis à l'eau mat sur les motifs ou sur tout le parquet. On peut aussi vitrifier directement.

Une frise bleue autour des fenêtres

MATÉRIEL

Pigments bleu foncé (bleu MC) ou peinture à pochoir bleu outremer
Chaux aérienne
Poudre d'alun
Feuilles de Rhodoïd transparent

OÙ TROUVER ?

- *Pigments : chez Cléton, Laverdure, la Société des ocres de France, Établissements Chauvin.*
- *Peinture à pochoir (Décopoche) : chez Leroy Merlin, au BHV.*
- *Chaux : chez Cléton ou Laverdure à Paris, CESA en province.*
- *Poudre d'alun : chez Laverdure.*
- *Feuilles de Rhodoïd transparent : chez Graphigro, au BHV.*

Cette ancienne maison de pêcheur située dans la médina d'Asilah, près de Tanger, a été restaurée dans la tradition marocaine par Françoise Dorget. Ainsi, dans la grande chambre, les fenêtres peintes en bleu océan ont été entourées de motifs au pochoir inspirés des plafonds peints du Haut Atlas et réalisés à la chaux teintée.

RÉALISATION

1. Pour obtenir un beau bleu intense, teinter la chaux en mélangeant peu à peu des pigments bleus jusqu'à arriver à la couleur désirée. Ajouter un peu de poudre d'alun à l'« effet mordant » qui permet au mélange de mieux accrocher au mur.

2. On peut aussi utiliser une peinture à pochoir en tube ou en pot : un peu épaisse, elle s'applique facilement et sans coulures, même sur la chaux.

3. Dessiner puis découper le motif en bande dans le Rhodoïd, positionner et coller la feuille sur le mur puis peindre rapidement dans le creux en tamponnant. **(voir « Technique du pochoir » et « Copier un pochoir »).**

Reproduire un dessin au pochoir

MATÉRIEL
Papier calque
Fusain
Rhodoïd transparent
Cutter

OÙ TROUVER ?
• *Papier calque, fusain : dans les papeteries, magasins pour beaux-arts et grands magasins.*
• *Feuilles de Rhodoïd transparent : au Stencil Store, chez Rougier & Plé, Graphigro.*
• *Cutter chauffant : au Stencil Store.*

Dans l'île suédoise de Gotland, Lars Wallin et Katarina Sorlin, professeurs en arts plastiques, sont partis des traces de peinture ancienne pour reconstituer les couleurs et les ornements d'origine de cette maison construite en 1731. Dans la salle à manger chauffée par un poêle ancien de la fin du XIXe siècle, les murs ont été peints au pochoir à partir d'un motif découvert dans une ferme, décalqué puis répété dans toute la pièce à l'aide d'une feuille de Rhodoïd découpée.

RÉALISATION

1. Dans cette maison, les dessins ont été simplement décalqués car ils étaient à la bonne taille. Si l'on souhaite reproduire un motif trouvé par exemple dans un journal ou un livre, il suffit de le découper puis de l'agrandir (ou le rétrécir) à la photocopieuse. Il peut être nécessaire de découper plusieurs morceaux et de les raccorder entre eux.

2. Une fois l'image à la bonne taille, la recopier au fusain sur un papier calque épais en la simplifiant, puis la reporter sur le Rhodoïd.

3. Découper les contours du motif au cutter (on peut utiliser un cutter chauffant). Attention : pour faire un pochoir monochrome, découper le motif sur une seule feuille de Rhodoïd, sinon, prévoir une feuille par couleur en ne découpant, dans chacune d'elles, que les motifs qui seront peints dans cette couleur. Sur chacune, dessiner le reste du motif en pointillé pour obtenir des repères précis qui faciliteront le placement.

La technique traditionnelle du pochoir

MATÉRIEL
Pochoir en Rhodoïd transparent
Ruban de masquage ou colle repositionnable
Règle et crayon à papier
Peinture acrylique
Pinceau à pochoir
Cire ou vernis mat

OÙ TROUVER ?
- *Pochoirs : au Stencil Store, chez Mise en teinte, Créa, Loisirs et Création.*
- *Peintures, pinceaux, colle : chez Créa, Rougier & Plé, Loisirs et Création, Stencil Store.*
- *Cire, vitrificateur (Libéron, V33) : au BHV et dans les grandes surfaces de bricolage.*

Imprégnée d'une puissante culture populaire, la province de Dalécarlie, au Nord de la Suède, a su préserver ses villages d'autrefois. Dans cet hôtel de charme de Tällberg, installé dans une riche ferme du XIXe siècle, on peut admirer les plus beaux exemples de murs décorés au pochoir de frises, guirlandes et bouquets délicats selon un savoir-faire ancestral. Si l'on veut obtenir un résultat d'une aussi grande finesse, il faut travailler, selon la méthode traditionnelle, avec plusieurs pinceaux secs.

RÉALISATION

1. Tracer des repères au crayon à papier sur le mur puis fixer le pochoir à la bonne place avec le ruban de masquage ou, plus facile, la colle repositionnable.

2. Pour appliquer la couleur, prendre un peu de peinture avec le pinceau sec et peindre en tamponnant ou en tournant légèrement. Le pinceau doit être bien perpendiculaire au support. Surtout, ne pas étaler. Utiliser un pinceau par couleur.

3. Attendre quelques minutes et retirer très délicatement le pochoir.

4. Essuyer soigneusement le pochoir avant de le repositionner pour peindre un autre motif.

5. Quand le décor est parfaitement sec, le protéger éventuellement avec de la cire ou un vernis mat.

UN SOUBASSEMENT SOULIGNÉ D'UNE FRISE

MATÉRIEL

Peinture acrylique
Papier et papier calque
Crayon à papier et fusain
Feuille Rodhoïd
Cutter
Rouleau

OÙ TROUVER ?

- *Papier calque, crayon, fusain, colle repositionnable : dans les magasins pour beaux-arts, les papeteries et les grands magasins.*
- *Feuilles de Rhodoïd transparent : au Stencil Store, chez Rougier & Plé, Graphigro.*
- *Cutter chauffant, rouleau : au Stencil Store.*

En mariant les styles, en osant les couleurs, la styliste Florence Le Maux a transformé son austère rez-de-chaussée parisien en un nid charmant aux allures de maison de campagne. Pour donner un côté romantique à sa chambre, elle a peint la partie inférieure du mur en rose tendre. Puis, à l'aide d'un pochoir qu'elle a créé et réalisé elle-même, elle a bordé ce soubassement d'une frise blanche comme le reste de la pièce, qui fait l'effet d'une dentelle.

RÉALISATION

1. Peindre le soubassement dans la couleur choisie. Laisser bien sécher.

2. Choisir pour la frise un motif aussi simple et graphique que possible et le dessiner sur une feuille blanche avant de le reproduire sur un calque en passant les contours au fusain.

3. Découper des bandes de la hauteur de la frise dans une feuille de Rhodoïd, décalquer le dessin et évider les zones à peindre avec un cutter (on peut utiliser un cutter chauffant).

4. Coller les bandes l'une à côté de l'autre sur le mur avec une colle repositionnable.

5. Peindre en blanc avec un pinceau ou un rouleau.

UNE FRISE AU ROULEAU

MATÉRIEL

Pochoir à frise
Crayon à papier
Règle
Niveau à bulle
Peinture acrylique
Rouleau à pochoir
Essuie-tout

OÙ TROUVER ?

- *Pochoirs à frise, peinture, brosses et mini-rouleaux à pochoir : au BHV et chez Leroy Merlin, au Stencil Store, chez Créa.*
- *Règle, niveau à bulle : dans les grandes surfaces de bricolage.*

Construit en 1786 à Gotland, le prieuré de Levide a retrouvé son charme d'autrefois grâce à un couple passionné de brocante, qui l'a remeublé dans le style de l'île et repeint selon les méthodes traditionnelles. Dans la chambre d'enfant, les murs, patinés en bleu pastel, sont soulignés, tout autour de la pièce, par une frise géométrique très simple, réalisée avec un petit rouleau spécial.

RÉALISATION

1. Sur une surface propre et en bon état, marquer au crayon à papier l'emplacement sur lequel on posera la frise. Vérifier que le trait est bien droit avec le niveau à bulle.

2. Positionner le pochoir. Certains pochoirs à frise, en rouleau de 3 m (Décopoche), sont prêts à coller. Si après quelques utilisations, le pochoir ne colle plus, prendre une colle repositionnable.

3. Tremper un rouleau à pochoir dans un peu de peinture, bien l'essuyer en le faisant rouler sur une surface plane (carton, bac plastique…) et appliquer la peinture sur toute la longueur du pochoir, en appuyant légèrement. Repasser si nécessaire, mais toujours avec un rouleau très peu chargé. Attention : la peinture doit être de consistance épaisse pour ne pas couler.

4. Attendre quelques minutes, puis enlever délicatement le pochoir. Bien le nettoyer et recommencer sur une autre partie du mur.

Des contremarches décorées de motifs multicolores

MATÉRIEL

Contreplaqué fin
Peinture glycérophtalique satinée de plusieurs couleurs
Crayon à papier
Pinceaux brosses « à tableaux »
Colle à bois
Clous sans tête
Vernis mat

OÙ TROUVER ?

• *Contreplaqué, colle à bois, peintures (Tollens...), clous et vernis mat : au BHV et dans les grandes surfaces de bricolage.*
• *Brosses à tableaux, peintures en petits conditionnements : chez Graphigro, Rougier & Plé, Créa, Loisirs et Création.*

Lorsque Armelle Mary, graphiste, s'est installée dans sa maison de Colombes, les contremarches de l'escalier étaient très abîmées. Plutôt que de les cacher sous un tapis, elle les a peintes à main levée, en s'inspirant des motifs traditionnels qui décorent certains villages d'Arabie Saoudite. Sept couleurs, dont un bleu lumineux également utilisé pour les murs, ont été nécessaires pour réaliser ces fresques. On peut obtenir le même résultat, mais de façon plus confortable, en peignant le dessin choisi sur des bandes de contreplaqué que l'on colle ensuite sur les contremarches.

RÉALISATION

1. Couper des bandes de contreplaqué de la taille des contremarches.

2. Dessiner les motifs au crayon sur une feuille de papier, puis les reporter sur chaque bande de contreplaqué.

3. Peindre les motifs une couleur après l'autre en deux couches successives.

4. Quand la peinture est parfaitement sèche, passer un vernis de protection mat.

5. Coller les bandes sur chaque contremarche et éventuellement renforcer la fixation avec quelques clous, délicatement posés pour ne pas faire éclater la peinture.

DES RAYURES PEINTES AU ROULEAU

MATÉRIEL

Peinture acrylique blanche
Peinture acrylique parme
Pigments ou colorants violets, bleus et orange
Eau
Rouleau
Pinceau

OÙ TROUVER ?

• *Peintures, rouleaux, pinceaux : au BHV et dans les grandes surfaces de bricolage.*
• *Pigments ou colorants : chez Cléton, Laverdure, Sennelier, Établissements Chauvin.*

Pour donner du style à cet ancien studio de photographe situé dans un bel appartement parisien du XIXe siècle, le décorateur Marc Hertrich a attribué une couleur à chaque pièce. Ainsi la salle à manger, à l'origine assez anodine, a été audacieusement peinte de rayures inégales au rouleau, parme sur un fond marron rouge. Une façon étonnante et élégante de réveiller un décor classique.

RÉALISATION

1. Pour le fond : mélanger les pigments dans une peinture acrylique blanche très diluée à l'eau, jusqu'à obtenir une teinte marron rouge. Passer rapidement ce badigeon sur les murs à l'aide d'un rouleau, en travaillant dans tous les sens. Laisser sécher.

2. Marquer le mur au crayon noir de quelques repères pour déterminer l'écartement des rayures.

3. Avec un rouleau, appliquer à main levée la peinture non diluée de haut en bas, puis de bas en haut. Un simple aller et retour de rouleau suffit pour dessiner une rayure.

4. Faire les retouches éventuelles, au sol et au plafond, au pinceau.

PEINDRE UN MEUBLE À MOULURES ET CAISSONS

MATÉRIEL

Lessive oxydrine en poudre Saint-Marc
Sous-couche d'apprêt spécial bois (Julien, Tollens, Keria...)
Peinture glycérophtalique de plusieurs couleurs
Fines brosses à rechampir (n° 0, 2)
Pinceaux-brosse en soie naturelle

OÙ TROUVER ?

- *Lessive, peinture, pinceaux : au BHV et dans les grandes surfaces de bricolage.*
- *Sous-couche d'apprêt : chez Colorine, dans les grandes surfaces de bricolage.*
- *Brosses à rechampir, pinceaux, chez Laverdure, Colorine, Rougier & Plé, Créa.*

Pour redonner vie et gaieté à cette ancienne usine désaffectée de Bois-Colombes, un jeune couple l'a habillée du sol au plafond de couleurs éclatantes. Les meubles n'ont pas échappé à cette exubérance. Dans la cuisine salle à manger, le buffet ancien chiné aux puces, entièrement « colorisé » en respectant ses décors d'origine, moulures caissons et cabochons, est devenu un extravagant meuble baroque.

RÉALISATION

1. Nettoyer le meuble en enlevant soigneusement les traces de cire à la lessive Saint-Marc. Laisser sécher.

2. Appliquer une couche d'apprêt blanche au pinceau.

3. Quand l'apprêt est parfaitement sec, passer deux couches de la couleur dominante de fond (par exemple, jaune) au pinceau sur tout le meuble. Laisser sécher au moins une journée.

4. Pour les moulures, caissons et cabochons, travailler à main levée avec les brosses à rechampir. On posera les couleurs une par une, en deux couches, et en respectant toujours le temps de séchage minimum entre chaque passage (1 journée). Éviter l'usage de scotch de masquage qui risque de faire sauter les peintures.

5. Pour les détails (cabochons, rosaces...), on peut utiliser des peintures à maquette, qui existent en petits conditionnements.

Peindre une large rayure

MATÉRIEL
Peintures de couleur blanche et grise
Ruban adhésif crêpe ou scotch de masquage
Règle
Crayon à papier

OÙ TROUVER ?
• *Peintures, ruban adhésif : au BHV, dans les grandes surfaces de bricolage.*

La créatrice de tissus Dominique Kieffer a fait de cette maison, construite en 1830 dans le bocage normand, un lieu aussi accueillant que confortable, mêlant le charme de la campagne au raffinement de la ville. Dans le couloir, le mur a été décoré d'une large rayure centrale, peinte en gris sur fond blanc, comme un écrin graphique pour mettre en valeur une petite chaise suédoise laquée blanc recouverte d'un patchwork de cotons anciens et un miroir de sorcière.

RÉALISATION

1. Peindre entièrement le fond en blanc. Laisser sécher.

2. Quand le fond est bien sec, tracer les bords de la rayure au crayon.

3. Appliquer minutieusement un ruban adhésif (existe en plusieurs largeurs, de 2 à 10 cm) le long de chaque bordure de la rayure (du côté extérieur de la bande à peindre). Peindre la rayure au rouleau. Laisser sécher. Retirer très délicatement les scotchs. Faire les éventuelles retouches au pinceau.

UN MUR DÉCORÉ DE MOTIFS DE FLEURS DÉCALQUÉS

MATÉRIEL

Papiers à décalquer
ou feuilles de papier fines
Crayon à papier
Pinçon d'écolier
Colle repositionnable
Pigment en poudre foncé
Pinceau fin
Peinture acrylique pâle
Bas ou collant fin

OÙ TROUVER ?

- *Papiers à décalquer ou feuilles de papier fines, crayon à papier, pinçon d'écolier, colle, dans les papeteries.*
- *Pigment, pinceaux, peinture : chez Colorine, Laverdure, Sennelier.*

Si Sophie Duruflé, responsable commerciale, ne voulait pas tapisser son appartement parisien de papier peint, elle avait quand même envie de couleurs et de motifs… Dans la chambre de sa fille Héléna, elle a d'abord peint les murs au chiffon avant de les souligner d'une large rayure qui crée un effet de soubassement. Puis, à partir d'un dessin décalqué sur l'une de ses robes d'été, elle a peint sur le mur une guirlande de fleurs avec un pinceau fin.

RÉALISATION

Pour dessiner des motifs sur les murs, on utilisera la technique décorative du poncif, un peu délicate mais très efficace.

1. Reproduire un motif en le décalquant ou en le photocopiant, sur du papier calque ou une feuille de papier fin.

2. Perforer finement les contours du motif avec un pinçon (petits trous espacés d'un millimètre).

3. Mettre une petite quantité de poudre de pigment dans un bas en nylon fin (que l'on peut doubler) pour faire un petit tampon. Bien le fermer.

4. Fixer la feuille au mur avec un peu de colle repositionnable, puis tapoter avec le tampon sur les contours du dessin : en passant dans les trous, le pigment imprimera le motif sur le mur. Plus les trous sont proches, plus le contour obtenu sur le mur est précis. Enlever délicatement la feuille du mur.

5. Sans attendre, reprendre les contours du dessin sur le mur en passant une peinture pâle avec un pinceau fin. Mettre en couleur avec des pinceaux fins.

UN MUR PEINT COMME UN TABLEAU ABSTRAIT

MATÉRIEL

Peinture acrylique blanche
Peintures acryliques rose et rouge (Robert le Héros, Tollens...)
Ruban adhésif spécial peinture (5 cm de large)
Cutter
Rouleau ou pinceau

OÙ TROUVER ?

- *Peintures : chez Mise en teinte, Ressources, Farrow & Ball, dans les grandes surfaces de bricolage.*
- *Ruban adhésif, cutter, rouleau ou pinceau : au BHV et dans les grandes surfaces de bricolage.*

C'est en s'inspirant des œuvres de plus grands architectes du XXe siècle (Le Corbusier, Mallet Stevens, Eillen Gray, Tadao Ando...), que les propriétaires ont transformé cette usine en briques de 1 200 m² près d'une petite ville de Belgique. Si les volumes d'origines sont restés, les murs peints à main levée sont devenus des toiles abstraites où lignes et couleurs s'entrechoquent. Dans le salon d'hiver, un orange s'oppose à un rose vigoureux qui rappelle celui de l'architecte mexicain Luis Barragan.

RÉALISATION

1. Peindre un fond blanc. Laisser sécher.

2. Quand le mur est sec, dessiner très légèrement les contours de plusieurs panneaux au crayon à papier.

3. Découper les longueurs de ruban voulues pour délimiter les bords des panneaux de couleurs. Les coller au sol pour enlever un peu de leur adhérence (très important pour qu'ils se décollent bien à la fin).

4. Dessiner au cutter des bords irréguliers le long des rubans. C'est ce qui créera l'illusion de peinture à main levée.

5. Coller les rubans sur le mur, le long des contours dessinés au crayon.

6. Peindre chaque couleur de part et d'autre des bordures du ruban.

THE ARCHITECTURE OF RICARDO LEGORRETA
THE PRINTS OF ROBERT MOTHERWELL

PEINDRE DES CARREAUX DE CIMENT

MATÉRIEL
Sous-couche d'accrochage spécial carrelage
Solvant
Liant acrylique (ou Caparol) et pigments, ou peinture (acrylique, glycérophtalique...)
Pinceaux

OÙ TROUVER ?
- *Sous-couche d'accrochage ou apprêt (Keria, Julien, Tollens), solvant, peinture : chez Colorine, au BHV, Castorama, Leroy Merlin...*
- *Liant acrylique (ou Caparol) : chez Laverdure, Colorine et dans les grandes surfaces de bricolage.*
- *Pigments : chez Sennelier, la Société des ocres de France, Établissement Chauvin.*

Dans une petite île des Cyclades, le scénographe athénien Manolis Pandelidakis a reconstruit une maison abandonnée selon les techniques du passé, en utilisant les matériaux récupérés alentour. Dans la cuisine, il s'est inspiré de motifs traditionnels pour repeindre les carreaux en ciment de la crédence. Une technique assez simple qui permet de donner une nouvelle vie à un carrelage ancien.

RÉALISATION

1. Nettoyer parfaitement les carreaux à peindre pour en retirer toute trace de calcaire. Dégraisser avec un solvant (par exemple, de l'acétone).

2. Appliquer la sous-couche d'accrochage au pinceau ou au rouleau.

3. Laisser sécher. Après 24 heures (et avant 72 heures), cet apprêt peut recevoir n'importe quel type de peinture.

4. Pour une couleur aux pigments : ajouter des pigments au liant sans trop mélanger pour créer un effet de matière et peindre chaque carreau au pinceau. En utilisant plusieurs teintes de pigments, on peut alterner les couleurs et obtenir un joli patchwork.

PEINDRE UNE CHEMINÉE EN MARBRE

MATÉRIEL

Sous-couche d'accrochage spécifique blanche (0,75 l)
Peinture glycérophtalique
Pinceaux
Rouleau

OÙ TROUVER ?

- *Sous-couche d'accrochage (Uniground de Keria, J 7 de Julien) : chez Colorine et dans les grandes surfaces de bricolage.*
- *Peinture glycérophtalique, pinceaux, rouleau : au BHV et dans les grandes surfaces de bricolage.*

Pour le designer Christophe Delcourt, la couleur compense la tristesse de la lumière parisienne et permet de peu meubler un lieu en faisant ressortir le graphisme des formes. Il a donc peint chaque pièce de son appartement parisien dans un ton différent. Dans le salon, il a choisi le même beige kaki très doux pour recouvrir les murs et la cheminée de marbre qui semble ainsi se fondre dans le décor.

RÉALISATION

1. Bien nettoyer le marbre pour qu'il soit parfaitement net et dégraissé.

2. Appliquer une première couche d'apprêt au rouleau. Attendre 1 journée. Passer une deuxième couche, surtout s'il s'agit d'un marbre poli. Laisser sécher à nouveau 1 journée minimum.

3. Peindre normalement avec une peinture glycérophtalique, en une ou deux couches. Ne pas vernir.

4. Attention : ne jamais faire de feu dans une cheminée peinte.

Patiner un meuble en stratifié

MATÉRIEL

Papier abrasif à l'eau (grain 180)
Sous-couche d'accrochage spécial stratifié
Alcool industriel
Peinture acrylique
Huile de lin
Essence de térébenthine
Siccatif
Pigments (Bleu azur, Sienne naturelle, jaune de zinc, ocre jaune clair, Rouge de Cadmium)
Spalter ou brosse à glacer

OÙ TROUVER ?

- *Sous-couche d'accrochage (Uniground de Keria, J 7 de Julien) : chez Colorine et dans les grandes surfaces de bricolage.*
- *Papier abrasif à l'eau (grain 180), alcool industriel : chez Laverdure, Colorine et dans les grandes surfaces de bricolage.*
- *Pigments, huile de lin, essence de térébenthine, Siccatif : chez HMB-BDA, Cléton, Laverdure.*
- *Cire Tincirfix : chez HMB-BDA.*

Pour personnaliser ce placard en stratifié des années 1930 chiné dans une brocante, Alexandra Jockmans, assistante photographe, a repeint chaque porte dans une couleur différente, appliquée à la manière d'une patine. Dessus, elle a cloué avec des petites pointes des lettres-pochoirs en tôle dont elle a au préalable ôté le socle avec un cutter.

RÉALISATION

1. Dépolir le stratifié au papier abrasif pour faciliter l'adhérence de l'apprêt. Bien dépoussiérer et sécher soigneusement.

2. Appliquer la sous-couche d'accrochage au pinceau. Laisser sécher puis dégraisser à l'alcool industriel en frottant énergiquement.

3. Appliquer une couche uniforme de peinture acrylique, qui servira de toile de fond aux effets de patine.

4. Pour le glacis : mélanger 1/3 d'huile de lin, 2/3 de térébenthine et 2 à 4 % de siccatif. Pour la porte bleue, ajouter des pigments bleu azur ; pour la porte jaune passé, ajouter du Sienne Naturelle et une pointe de jaune de zinc ; pour la porte jaune bouton d'or, mettre du jaune de zinc et une pointe d'ocre jaune clair ; pour la porte orange, utiliser un Rouge de Cadmium et une pointe de jaune de zinc ou un orange de Cadmium. Laisser reposer les mélanges de pigment.

5. Peindre à l'aide d'un petit spalter chaque porte. Laisser sécher.

6. Pour matifier et vieillir la patine tout en la protégeant, on peut passer une couche de Tincirfix incolore avec une pointe de pigment de « Terre Pourrie », couleur poussière. Laisser sécher 24 heures et frotter légèrement avec une petite brosse.

0
9
6
4

DÉCORER LA SURFACE ARGENTÉE D'UN MIROIR

MATÉRIEL

Mini-meule (Dremel)
Peinture acrylique de trois couleurs en petits pots ou doses échantillons
Pinceau-brosse

OÙ TROUVER ?

- *Mini-meule (Dremel) : au BHV, et dans les grandes surfaces de bricolage.*
- *Petits pots ou doses échantillons de peinture acrylique, pinceau-brosse : Créa, Rougier & Plé et grandes surfaces de bricolage.*

Dans ce très bel appartement parisien du XVIIe siècle où il a installé son showroom, le styliste Philippe Model a joué avec les artifices en tout genre pour créer un décor poétique et théâtral. Au-dessus de la cheminée de pierre, il a accroché un miroir XVIIIe en bois sculpté décoré d'un semis multicolore, réalisé en peignant l'envers de la surface argentée par petites touches. Une idée originale dont on peut s'inspirer pour restaurer avec fantaisie les parties piquées d'une glace.

RÉALISATION

1. Si le miroir est piqué, gratter les endroits abîmés à la meule.

2. Si le miroir est neuf, le retourner de façon à travailler sur la face opaque. Enlever le tain à la meule par petites touches.

3. Bien dépoussiérer. Peindre au pinceau-brosse les endroits ainsi dénudés avec de la peinture acrylique. Utiliser trois ou quatre couleurs différentes pour un effet plus amusant.

PEINDRE UNE BAIGNOIRE ANCIENNE

MATÉRIEL

Brosse métallique
Sous-couche pour métaux non ferreux
Peinture

OÙ TROUVER ?

• *Brosse métallique, sous-couche pour métaux non ferreux, peintures : dans les grandes surfaces de bricolage et les quincailleries.*

Le décorateur Jean-Louis Menesson pense que la couleur, c'est la vie. Aussi a-t-il redécoré de teintes vives toutes les pièces originellement blanches de sa grande demeure normande du XVIIIe siècle. Dans l'une des salles de bains, il a peint dans un beau bleu violet le coffrage en planches qui dissimule la tuyauterie et la baignoire en fonte à pieds-de-lion montés sur des coquilles Saint-Jacques, qui prend ainsi tout son éclat sur fond de murs jaunes.

RÉALISATION

1. Gratter grossièrement la surface à peindre avec une brosse métallique et bien dépoussiérer.

2. Appliquer ensuite une sous-couche spéciale métaux non ferreux convenant à tous les supports (émail, fonte, céramique), sur laquelle on peut utiliser n'importe quelle peinture acrylique ou glycéro en finition mate, brillante ou satinée.

UN MEUBLE EN BOIS PEINT FAÇON MÉTAL

MATÉRIEL

Peinture pour fer ou peinture professionnelle à particules métalliques.
Pinceau brosse
Pistolet basse pression

OÙ TROUVER ?

- *Peintures Hammerite ou V33 : dans les grandes surfaces de bricolage.*
- *Peintures Tollens : dans les Carrés Tollens et magasins Agora.*
- *Pistolets à peinture : dans les magasins Agora.*

Lorsqu'ils ont investi cet ancien économat de la SNCF, situé près d'une voie de chemin de fer d'Argenteuil, Kéna, illustratrice, et Thierry Watorek, décorateur chez Jean Paul Gaultier, ont voulu préserver son esprit industriel. Installé en mezzanine, le bureau comporte un grand plan de travail en L dans lequel sont encastrés une table lumineuse et un petit lavabo. Fabriqué en planches de médium, il a été agrémenté de gros clous tapissiers puis peint avec une peinture spéciale à effet martelé qui donne l'illusion du métal.

RÉALISATION

1. Pour un effet martelé très proche du métal : utiliser la peinture pour fer « Direct sur rouille » d'Hammerite qui peut s'appliquer sur un meuble, à condition de bien préparer son support : sur un bois ou un médium poncé et dépoussiéré, on passe d'abord une primaire d'accrochage Hammerite puis deux couches de peinture « Direct sur rouille ». Très résistante, d'un aspect très dur, elle est proposée en douze couleurs brillantes.

2. Pour un effet métallique patiné : la Peinture spécial fer de V33 associe deux produits (une base et une patine), conçus pour protéger et décorer des objets métalliques. Effet garanti avec la Base de préparation grise et la Patine de finition aluminium.

3. Pour un finition veloutée façon métal mat : Pailletée, la peinture décorative Irisa de Tollens, à base de particules d'aluminium en phase solvante., se décline en vingt-sept teintes irisées, dont plusieurs gris. En principe réservée aux professionnels, elle s'applique au pistolet basse pression sur une sous-couche d'accrochage blanche (Impression universelle de Tollens). Attention, ne pas utiliser les bombes de peinture « effet métal » : leurs paillettes sont fragiles et s'enlèvent dès qu'on les touche. À réserver aux petits objets de déco.

DES BOISERIES À LA FEUILLE D'ARGENT

MATÉRIEL

Mixtion à dorer
Feuilles d'argent adhésives
Pinceau
Chiffon
Vernis à l'huile
Poudre d'argent
Vernis acrylique
Masque

OÙ TROUVER ?

- *Mixtion à dorer, feuilles d'argent, vernis à l'huile et masque : chez Décor Plus, Laverdure, Cléton.*
- *Poudre d'argent, vernis acrylique, masque : chez Adam et dans les magasins de fourniture pour beaux-arts.*

À Spitalfields, un quartier de l'Est londonien qui inspira les romans de Dickens, cette maison géorgienne construite en 1726 a retrouvé une atmosphère magique, bien dans l'esprit de ses origines, grâce à la fantaisie de Rodney Archer, auteur et professeur de théâtre. Dans le salon, les murs ont été peints d'un bleu intense, tandis que l'intérieur des boiseries d'époque, rehaussées d'or, a été patiné à la feuille d'argent. Évoquant les reflets des miroirs anciens, elles mettent en valeur l'extraordinaire cheminée, récupérée dans la maison d'Oscar Wilde à Chelsea.

RÉALISATION

Le travail s'effectue sur des murs peints à l'acrylique.

1. Passer au pinceau de la mixtion à dorer et, sans attendre que celle-ci soit sèche, coller des feuilles d'argent adhésives. Lisser avec précaution en tamponnant avec un chiffon.

2. Pour protéger le décor d'argent, passer à nouveau une couche de mixtion ou un vernis à l'huile.

UN PLAFOND TAPISSÉ À LA FEUILLE D'OR

MATÉRIEL

Panneau de médium
Feuilles d'or par transfert (22 carats)
Vernis brillant Flatting
Mixtion à dorer à l'huile
Pinceau plat « petit-gris »
Gants
Pinceaux-brosses

OÙ TROUVER ?

- *Vernis brillant Flatting : chez Degami.*
- *Feuilles d'or, mixtion à dorer : chez Degami, Cléton, Laverdure.*
- *Pinceau « petit-gris » : magasins pour beaux-arts, Rougier & Plé.*

Créateurs de Understate, une étonnante boutique italienne brassant tous les courants du design, les Milanais Paolo Cesana et Raimondo Garau habitent les anciennes écuries d'un immeuble du début XIXe siècle. S'ils en ont conservé la structure très classique, ils ont ancré le lieu dans la modernité en mélangeant les styles avec audace. Dans la chambre, un panneau de bois, cloué au plafond, fait office de ciel de lit. Décoré à la feuille d'or, il transforme la lumière et renvoie de beaux reflets sur le décor tout en noir et blanc.

RÉALISATION

1. Sur le panneau de médium parfaitement propre et dépoussiéré, passer deux couches de vernis brillant Flatting. Laisser sécher 24 heures.

2. Appliquer la mixtion à dorer en fine couche. Attendre qu'elle soit « amoureuse », c'est-à-dire qu'elle crisse légèrement quand on passe un doigt dessus (3 heures ou 12 heures selon la mixtion utilisée).

3. Avec des gants, poser les feuilles d'or une à une, comme des décalcomanies : les appliquer sur la mixtion, appuyer bien uniformément et retirer doucement la protection. Ne pas toucher pendant 24 heures.

4. Au bout de 24 heures, lisser avec un petit-gris pour enlever les petites particules.

5. La pose de feuilles d'or est une opération délicate qui demande une certaine dextérité. Moins spectaculaire, mais plus facile, l'emploi de pigments de cuivre mélangés à un vernis à bronzer ou un liant acrylique fera illusion (attention : quand on applique ce mélange, il faut le faire en tapotant avec le pinceau pour fixer les pigments métalliques sur la surface).

DES MOTIFS DORÉS PEINTS AU POCHOIR

MATÉRIEL

Feuilles de Rhodoïd
Cutter
Ruban adhésif
Peinture dorée
Pinceau à pochoir
Pinceau fin

OÙ TROUVER ?

- *Feuilles de Rhodoïd, cutter, pinceau à pochoir : au Stencil Store, au BHV, chez Rougier & Plé.*
- *Peinture dorée : chez Cléton, Laverdure.*

Sans prétention ni convention de style, cette grande maison bourgeoise du Bourbonnais marie en toute harmonie objets éclectiques et couleurs inattendues. Peints avec des pigments naturels, les murs d'un beau rouge romain de la salle à manger ont été parsemés de feuilles de lierre dorées réalisées au pochoir par le décorateur Jean Oddes. Une fantaisie baroque qui illumine la pièce.

RÉALISATION

1. Reproduire un motif de feuille directement sur le Rhodoïd transparent en l'utilisant comme un calque. L'évider au cutter.

2. Fixer le pochoir sur le mur avec du ruban adhésif puis appliquer de la peinture dorée au pinceau pochoir.

3. Attention : utiliser un pinceau bien sec, ne pas trop le charger de peinture et l'essuyer sur un papier-journal avant de peindre en tapotant légèrement ou en tournant. C'est en repassant plusieurs fois avec un pinceau presque sec que l'on obtient de jolis pochoirs.

4. Sans attendre, enlever le pochoir délicatement. Laisser sécher et repasser éventuellement de la peinture dorée au pinceau fin sur le motif.

Des murs tapissés de papiers chinois

MATÉRIEL

Papiers dorés chinois
Affiches
Colle à papier peint
Pinceau pas trop large

OÙ TROUVER ?

- *Papiers dorés chinois : chez Tang Frères et dans les bazars chinois.*
- *Colle à papier peint, pinceau : au BHV, dans les grandes surfaces de bricolage.*

Avec les liasses de papiers à offrandes dorés rapportés d'un voyage en Chine, Laure Dousso, directrice artistique, a eu envie de tapisser l'entrée et le couloir assez sombres de son appartement parisien. En les collant côte à côte, en incluant parfois une affiche chinoise comme un tableau, elle a inventé, pour trois sous, un décor aussi brillant que chaleureux.

RÉALISATION

On peut appliquer les papiers chinois sur un mur brut, sans préparation particulière, si ce n'est de dépoussiérer et dégraisser pour être sûr que la colle tienne.
1. En utilisant un pinceau pas trop large, passer la colle en couche assez fine, au fur et à mesure, pour fixer les papiers chinois les uns à côté des autres.

2. Pour alterner on peut, comme Laure, inclure de temps en temps une affiche, en la fixant de la même manière avec de la colle à papier peint.

SHIJIN
BINGGAN

UN MEUBLE PEINT COULEUR ARGENT

MATÉRIEL

Peinture argentée (Plaka Argent ou Golden)
Sous-couche universelle ou Gesso
Pinceaux
Vernis acrylique ou cire

OÙ TROUVER ?

• *Peinture argentée de décoration (Plaka Argent ou Golden) : chez Cléton, chez Cléton, Tolemail teinte argent chez Castorama)*
• *Pinceaux, peintures techniques : dans les grandes surfaces de bricolage.*
• *Peinture Tolemail : chez Castorama.*
• *Cire, vernis : chez Cléton, Laverdure.*

Au dernier étage d'un immeuble d'entrepôts new-yorkais des années 1920, le peintre américain Hunt Slonem a créé une succession de décors étranges et foisonnants puisant leur inspiration dans un patchwork de couleurs et de styles emblématiques du XIXe siècle. Ainsi, dans la chambre bleue, une commode à roulettes des années 1930, peinte façon acier brossé, s'est transformée en une coiffeuse insolite.

RÉALISATION

On trouve dans les magasins de peinture décorative des peintures argentées prêtes à l'emploi.

1. Sur un support en bois parfaitement lisse (décapé, poncé), poser une sous-couche universelle ou un Gesso (pour les peintures argent à la caséine). Laisser sécher. Poncer légèrement pour enlever toutes les petites aspérités du bois.

2. Selon le rendu que l'on souhaite donner au meuble, appliquer une peinture à la caséine mate (Plaka Argent) ou à l'acrylique brillante (Golden), en une seule couche au pinceau.

3. Quand la peinture est parfaitement sèche, passer une cire (sur la Plaka) ou un vernis acrylique (sur la Golden).
Il existe également des peintures techniques argentées, que l'on peut détourner pour décorer un meuble : par exemple, la peinture chauffage (Tolemail, teinte argent) et même certaines peintures voiture (grandes surfaces de bricolage) que l'on peut appliquer sur une sous-couche universelle.

Patiner une chaise dans l'esprit gustavien

MATÉRIEL

Pâte ou cire à dorer
Peinture acrylique blanche
Tampon de chiffon

OÙ TROUVER ?

- *Pâte ou cire à dorer : chez Rougier & Plé, Cléton.*
- *Peinture : au BHV, dans les grandes surfaces de bricolage.*

De ses racines suédoises, le couturier Marcel Marongiu a gardé un goût tout particulier pour le style gustavien, ses patines nuancées, son harmonie de teintes douces, sa blancheur qui génère le calme et le repos. Dans le bureau, le bois très ouvragé des chaises XIXe, copies chinées aux puces, a été peint et tamponné au chiffon, une technique très particulière de patine qui, tout en laissant apparaître la matière, lui donne un aspect givré et de beaux reflets d'argent.

RÉALISATION

1. Imprégner les bords et les moulures du meuble avec de la pâte à dorer. Laisser sécher.

2. Sur tout le meuble, passer une légère couche de peinture acrylique blanche au pinceau et, sans attendre qu'elle soit complètement sèche, essuyer avec un tampon de chiffon pour enlever un peu de peinture.
Attention : si, au préalable, le meuble était laqué, il faudra le poncer avant de commencer le travail.

Un décor au pochoir réalisé à la bombe dorée

MATÉRIEL

Bombe aérosol dorée (Éclador)
Grande feuille Rhodoïd
Colle repositionnable en bombe
Ruban de masquage large
Feuille quadrillée ou millimétrée
Compas
Règle
Crayon papier

OÙ TROUVER ?

- *Bombe aérosol dorée (Éclador) : chez Rougier & Plé, Cléton.*
- *Feuille Rhodoïd, colle repositionnable, cutter chauffant : au Stencil Store.*
- *Feuille quadrillée ou millimétrée, compas, règle, crayon papier : dans les papeteries et grandes surfaces.*
- *Ruban de masquage large : au BHV et dans les grandes surfaces de bricolage.*

À l'occasion d'une présentation de ses dernières nouveautés, Habitat a investi un loft parisien de 300 m^2, décoré avec style, à la manière d'un vrai lieu à vivre plein d'idées faciles à réinterpréter. Afin d'apporter une belle unité à la salle à manger tout en camouflant les éléments disgracieux comme le radiateur, la pièce a été entièrement peinte en rose puis décorée aux pochoirs de grosses pastilles dorées réalisées à la bombe.

RÉALISATION

1. Sur une feuille de papier quadrillée ou millimétrée, dessiner au compas des ronds de 10-15 cm de diamètre environ en les espaçant régulièrement pour obtenir un effet graphique comme sur le mur.

2. Reproduire le motif obtenu sur une grande feuille Rhodoïd (par exemple, 75 x 75 cm) à l'aide d'un cutter chauffant (plus précis).

3. Avant de commencer, tracer des repères (légers) sur tout le mur à l'aide d'un crayon à papier et d'une règle. Ils serviront à positionner le pochoir de façon régulière.

4. Positionner le pochoir sur le mur. Le coller en ayant soin de bien protéger les contours avec du ruban de masquage (que l'on aura collé et décollé avant de l'appliquer au mur, pour qu'il adhère moins et se décolle facilement).

5. Appliquer la peinture dorée à la bombe aérosol par petites pulvérisations, en plusieurs fois pour uniformiser la teinte.

6. Attendre que ce soit sec avant de décoller délicatement le pochoir. Le nettoyer soigneusement avant de le réutiliser pour le panneau suivant.

UN RIDEAU PEINT À LA MAIN

MATÉRIEL

Peinture acrylique murale
Eau
Fiel de bœuf
Rouleau (de la taille des rayures à peindre)
Fil de fer

OÙ TROUVER ?

- *Peinture acrylique murale, rouleau, fil de fer : dans les grandes surfaces de bricolage.*
- *Fiel de bœuf : chez Laverdure, dans les grandes surfaces de bricolage.*

Peintre et sculpteur, Izhar Patkin habite et travaille à New York dans une ancienne école qu'il a restaurée, pièce après pièce, avec une fantaisie très personnelle. Dans la chambre-salon où se mêlent avec exubérance tapis et tissus chatoyants venus des quatre coins du monde, verroteries et créations contemporaines, la baie vitrée est tendue d'un étonnant rideau en voile épais, peint à la main de rayures inégales.

RÉALISATION

1. Diluer la peinture acrylique avec 10 % d'eau. Ajouter du fiel de bœuf pour que le tissu peint garde une certaine souplesse.

2. Poser le rideau bien à plat sur une grande table ou par terre de façon à pouvoir travailler sur toute sa surface. Bien protéger le support car la peinture peut traverser le tissu.

3. Avec le rouleau, peindre une première rayure au bord du tissu.

4. Avant de peindre les suivantes, calculer l'espacement entre chaque rayure en fonction de la largeur du rideau, de façon à ce que l'ensemble des rayures et des espacements corresponde à celle-ci.

5. Pour que les rayures soient bien parallèles, fixer perpendiculairement sur le manche du rouleau un morceau de fil de fer rigide qui servira de guide et permettra de suivre le bord de la rayure précédente.

ÉCRIRE SUR DU TISSU

MATÉRIEL

Toile blanche épaisse
Feutres ou peinture pour tissu (noir)
Pinceaux
Carton épais (ou cadre pour peinture sur tissu)
Épingles
Fer à repasser

OÙ TROUVER ?

- *Feutres, peintures (Sétaskrib et Sétacolor de Pébéo ou Texticolor Sennelier) et pinceaux pour tissus : chez Rougier & Plé, Créa et Loisirs et Créations.*
- *Cadre pour peinture sur tissu : Rougier & Plé.*

À Trento, près de Vérone, l'architecte italienne Selvaggia Armani a joué avec la rigueur du noir et blanc pour rythmer avec esprit l'espace de son duplex très contemporain aménagé dans un immeuble des années 1960. Partout, pour adoucir le décor d'une touche de poésie, elle a ponctué les meubles, les objets, les tissus d'inscriptions tracées au pinceau dans une belle calligraphie serrée, comme, ici, le canapé de sa chambre, recouvert d'un jeté de toile blanche bordé d'écritures à main levée.

RÉALISATION

L'écriture au pinceau demande une certaine pratique. Ceux qui n'en ont jamais fait choisiront des feutres spéciaux pour tissus, plus faciles à manier.

1. Tendre le tissu à peindre sur un cadre ou l'épingler sur un carton épais.

2. Écrire directement sur le tissu tendu avec un pinceau. Si on utilise des feutres, dessiner les caractères à la pointe fine, puis repasser avec un feutre large.

3. Une fois le tissu décoré, le repasser à sec sur l'envers (surtout sans vapeur) pendant 2 ou 3 minutes.

4. Ces peintures sont lavables à 30°.

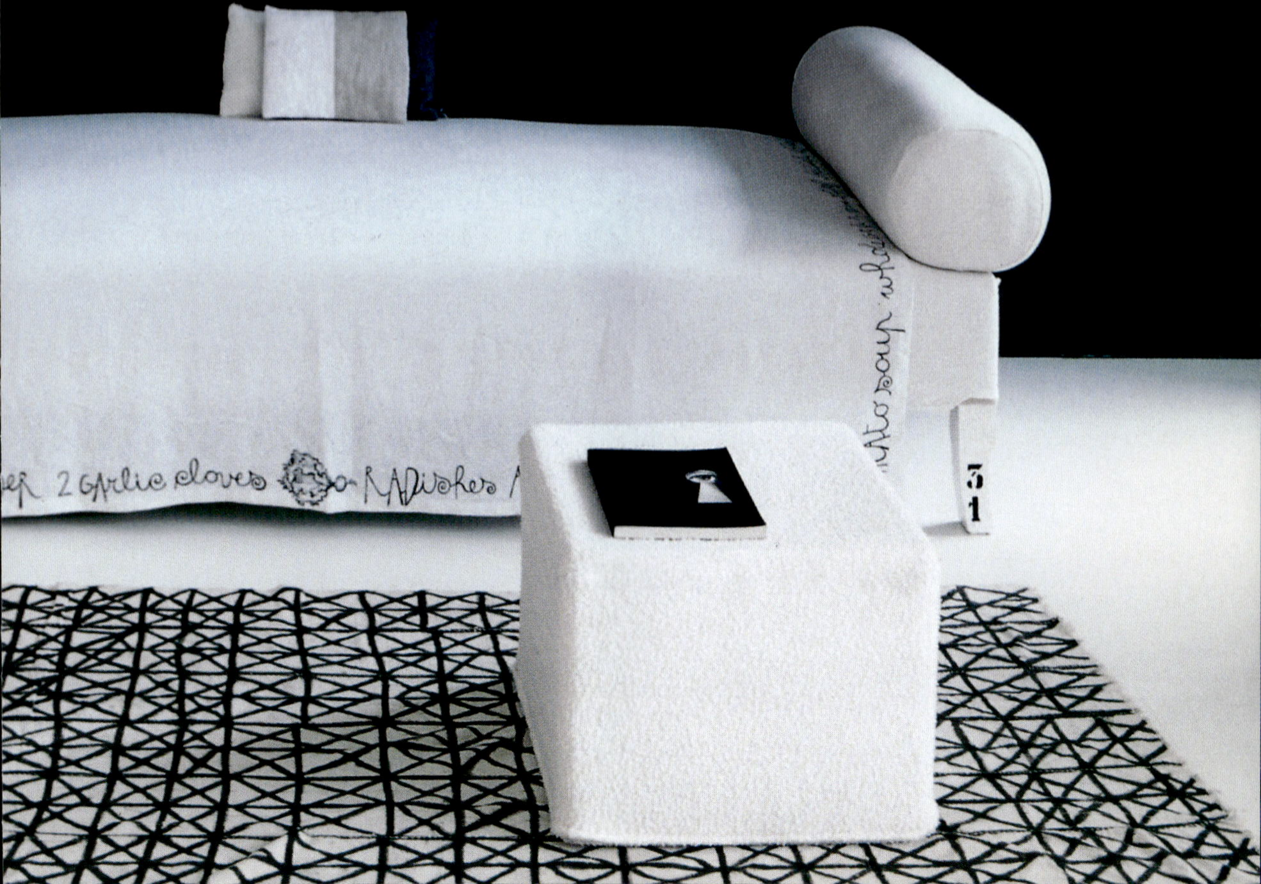
2 Garlic cloves
RADishes
3
1

Teindre du linge ancien

MATÉRIEL
Teintures Grand Teint (Dylon ou Idéal)

OÙ TROUVER ?
• *Teintures : dans les grandes surfaces alimentaires et de bricolage, les grands magasins, les drogueries, les quincailleries…*

Atmosphère tamisée et charme en demi-teinte dans ce très bel appartement bourgeois du XIXe siècle que la décoratrice Michèle Joubert a transformé en portant à chaque détail une attention d'un raffinement extrême : comme elle aime le linge ancien, elle métamorphose les serviettes brodées et les nappes damassées chinées chez les brocanteurs en les teignant, selon de savants mélanges, dans des tons subtils qui n'existent pas sur le marché.

RÉALISATION

1. Pour obtenir des couleurs subtiles, utiliser au moins deux teintures. Pour un rouge lumineux : mélanger un coquelicot et un orange ; pour un rouge plus sourd, mélanger un rouge et un brun ; pour de très beaux violets foncés, un mauve et un chocolat ou un mauve et un bordeaux.

2. Effectuer la teinture à la machine à laver, en suivant bien le mode d'emploi pour éviter les mauvaises surprises et en veillant à ne pas trop la remplir pour obtenir un résultat uniforme.

TEINDRE DES HOUSSES DE COUSSINS

MATÉRIEL

Teintures Dylon Grand Teint (violet, vert, ocre, bleu marine, marron)
Sel
Gants

OÙ TROUVER ?

• *Teintures : dans les grandes surfaces alimentaires et de bricolage, les grands magasins, les drogueries, les quincailleries…*

Détournements et inventions se mélangent dans le drôle d'atelier-laboratoire où les créateurs Armand Doré et Zoé Legrand moulent, soudent et sculptent des objets pleins d'idées et de fantaisie. D'un simple canapé classique, ils ont fait un modèle original, tout en couleurs, en teignant les housses de coussins dans une harmonie de tons sourds qu'ils qualifient joliment eux-mêmes de « rabattus ». Une bonne idée pour rajeunir un canapé défraîchi.

RÉALISATION

1. Sur un tissu clair (blanc ou crème), faire une première teinture en utilisant une couleur de base par housse : un violet, un vert, un ocre et un bleu marine (pour obtenir un coloris très dense : compter 2 paquets de teinture Dylon Grand Teint pour 1 kg de tissu).

2. Laver chaque housse avant de la teindre. Avec des gants, mettre dans le tambour de la machine, la teinture, le sel (500 g) puis la housse la housse encore humide. Faire un premier cycle à 60°, puis un second à 95° en ajoutant de la lessive. Recommencer l'opération avec chacune des housses.

3. Pour assourdir les teintes, reteindre chaque housse avec du marron en petite quantité (maximum : 1/4 de paquet de Dylon Grand Teint pour 1 kg de tissu).
Attention : quand les tissus ne passent pas à la machine, il faut utiliser des teintures à froid.

TEINDRE DE LA SOIE DAMASSÉE

MATÉRIEL

Teintures à froid Dylon
(violet et gris)
Vinaigre blanc
Eau
Bassine
Gants

OÙ TROUVER ?

- *Teintures : dans les grandes surfaces alimentaires et de bricolage, les grands magasins, les drogueries, les quincailleries…*
- *Vinaigre blanc, bassine et gants : dans les drogueries.*

Maître dans l'art du maquillage et du trompe-l'œil, le styliste Philippe Model a réinventé un décor du XVIIIe siècle dans son appartement-showroom parisien où moulures, pigments et patines servent d'écrin aux tissus précieux. Sur fond de carreaux miroir, une copie de bergère Louis XV, recouverte d'un somptueux damas de soie couleur d'or un peu passé, a été agrémentée de coussins assortis qu'il a teints dans des tons délicats de roses.

RÉALISATION

1. Laver les housses à teindre (attention, certaines soies anciennes ne peuvent être nettoyées. Consulter un spécialiste).

2. Mettre de l'eau froide (suffisamment pour couvrir une housse de coussin) dans une bassine.

3. Avec des gants, diluer la teinture (du violet avec une pointe de gris) dans de l'eau chaude (1/2 litre pour un sachet de teinture). Bien mélanger et verser dans l'eau froide avec le vinaigre (1 verre à moutarde par sachet).

4. Plonger la housse de coussin humide dans la teinture. Laisser tremper 1 heure en remuant constamment pendant les dix premières minutes, puis de temps en temps en veillant à garder la housse immergée. Rincer jusqu'à ce que l'eau soit claire.

Teindre un rideau en dégradé

MATÉRIEL

Teintures à chaud Dylon
Ficelles de cuisine

OÙ TROUVER ?

• *Teintures : chez Dylon, dans les grandes surfaces alimentaires et de bricolage, les grands magasins, les drogueries, les quincailleries…*

À New York, le danseur Tommy Tune a voulu garder ouvert l'immense espace de son loft, installé au 33e étage. Pour se ménager un coin intime, il a séparé sa chambre par un grand rideau coulissant en toile de coton qu'il a teint en safran et fuchsia, créant ainsi un surprenant effet de dégradé qui s'accorde parfaitement au décor contemporain de béton brut.

RÉALISATION

1. Pour obtenir la teinte jaune safran, mélanger dans 4 l d'eau : 2 doses de Golden Glow (n° 2), 1/4 de dose de Tangerine (n° 39) et 1/2 dose de Old Gold (n° 28). Faire bouillir le bain et y tremper la partie que l'on veut teindre en jaune pendant environ 15 minutes sans cesser de remuer. Quand la teinture a pris, rincer le tissu.

2. Préparer le bain fuchsia en mélangeant : 1,5 dose de Cherry Flame (n° 10) et 1,5 dose de Cerise (n° 44). Renouveler l'opération comme ci-dessus en plongeant la deuxième partie à teindre (on peut mordre de 1 ou 2 cm sur le morceau safran). Rincer et mettre à sécher avec le rouge en haut.

Peindre la soie

MATÉRIEL

Peintures sur soie en pot
Cadre pour tissu ou carton épais
Pinceaux pour coloristes
ou pinceaux-mousse
Fer à repasser

OÙ TROUVER ?

- *Peintures sur soie en pot :* *chez Rougier & Plé, Créa.*
- *Pinceaux, cadre pour tissu :* *chez Rougier & Plé, Créa.*

Situé sur les bords de la Liffey, à Dublin, le Morrisson Hotel accueille ses visiteurs dans un décor spectaculaire. Dans le hall, sur les vastes canapés en cuir et lin, le couturier John Rocha a disposé une rangée de coussins en soie peints à la main dans des couleurs dégradées et acidulées qui créent une impression de chaleur et d'intimité.

RÉALISATION

1. Bien tendre la soie à peindre sur un cadre ou un carton épais.

2. Appliquer les couleurs au pinceau ou au pinceau-mousse (plus pratique quand on veut peindre de grands à-plats de couleur). Les couleurs « fusent » naturellement, c'est-à-dire qu'elles se répandent le long des fibres : on obtient ainsi de beaux effets de dégradés d'un simple coup de pinceau.

3. Quand le décor est sec, passer un coup de fer pour fixer les couleurs.

Adresses

FOURNITURES

Adam, 11, boulevard Edgar-Quinet, 75014, 01 43 20 68 53.
Agora*, 0 800 47 48 49.
Autrement les sols, 41, rue de Turenne, 75003, 01 42 71 53 63.
BHV, 52, rue de Rivoli, 75004, 01 42 74 90 00, www.bhv.fr.
B-Ton Design, 15, cité Aubry, 75020, 01 44 64 02 64.
Carré Tollens, 20, bd St-Germain, 75005, 01 46 33 28 72, chez Castorama et au BHV.
Castorama*, 0 810 63 74 70, www.castorama.fr.
CESA*, 05 53 54 11 25.
Cléton, 41, rue Saint-Sabin, 75011, 01 47 00 10 41.
Colorine, 90, rue de Lourmel, 75015, 01 45 79 35 35, et 36, rue de Conflans, 94220 Charenton-le-Pont, 01 43 68 58 48.
Créa, 55, rue Saint-Placide, 75006, 0 825 160 560.
Décor Plus, 1, place des Fêtes, 75019, 01 42 49 22 26.
Degami, 46 rue Conflans, 94220 Charenton-le-Pont, 01 43 68 00 17.
Dylon, 25, rue Étienne-Marcel, 75002, 01 45 08 08 46, 0 800 09 2000 et www.brunel-fr.com.
Établissements Chauvin, route de Viton, 84400 Apt, 04 90 74 21 68 (VPC).

*** Informations sur les points de vente.**
Retrouvez toutes nos adresses sur : www.marieclairemaison.com

Farrow & Ball, 50, rue de l'Université, 75007, 01 45 44 47 94.
Graphigro*, 0 825 160 560.
HMB-BDA, 8, rue de Prague, 75012, 01 43 43 17 49.
Idéal, dans les grands magasins et magasins spécialisés et www.ideal.fr.
La Marchande de couleurs, rue Maison-Commune, 21450 Billy-les-Chanceaux, 03 80 96 53 46 (VPC).
Laverdure, 58, rue Traversière, 75012, 01 43 43 38 85 (VPC).
Leroy Merlin*, 03 28 80 80 80, www.leroymerlin.fr.
Loisirs et Création*, 01 41 80 64 00.
Matières, 123, avenue Daumesnil et 35, rue de Rambouillet, 75012, 01 44 74 01 05, www.123matieres.com.
Mise en teinte, 4, rue Gustave-Flaubert, 75017, 01 40 53 08 66 et 15, boulevard Saint-Germain, 75005, 01 46 34 44 58.
Ressource, 2, avenue du Maine, 75015, 01 42 22 58 80.
Rougier & Plé, 13, boulevard des Filles-du-Calvaire, 75003, 01 44 54 81 00 ou 0825 160 560, www.rougieetple.fr (VPC).
Sennelier, 3, quai Voltaire, 75007, 01 42 60 72 15.
Société des ocres de France*, 04 90 74 63 82.
Tang Frères, 48, avenue d'Ivry, 75013, 01 45 70 80 00.
The Stencil Store, 20, rue Littré, 75006, 01 45 49 91 74.

PEINTRES-DÉCORATEURS ET STAGES DE PEINTURE DÉCORATIVE

Association Terres et Couleurs, 01 42 21 88 77, www.terresetcouleurs.com.
Catherine Letrange (stages de peinture décorative et réalisation de décors), 01 43 78 28 55.
Florence Enoch (patines), 06 14 80 45 08.
Florence Hinneburg (nouvelles matières, faux bétons…), 24, rue Bain, 93170 Bagnolet, 01 43 63 14 16, et **Béatrice Fenot-Carrier**, 06 13 51 58 80.
Solène Delahousse (tadelakt), 01 43 46 07 84 ou 06 14 59 25 17.
Comptoirs d'ailleurs (stages et réalisation de décors à la chaux), 10, rue de Mesnil, 75016, 01 44 05 12 50.
Jean-Claude Misset (stages de peintures décoratives), 21450 Billy-les-Chanceaux, 03 80 96 55 57.

Crédits & remerciements

PHOTOGRAPHES
Alexandre Bailhache (p. 41), Antoine Bootz (p. 107,113), Gilles de Chabaneix (p. 9, 21, 95, 97, 99, 103, 109), Jacques Dirand (p. 51), Éric Flogny/Aleph (p. 75, 83, 105, 111), Jeanne Hillary (p. 35), Vincent Leroux (p. 71, 101, 125), Paul Lepreux (p. 7, 63, 81, 91, 117), Bertrand Limbour (p. 55), Mai-Linh (p. 15, 31, 79), Marie-Pierre Morel (p. 13, 19, 27, 33, 43, 57, 59, 65, 77, 85, 87, 89, 119), Éric Morin (p. 45), Cédric Martigny (p. 47), José Van Riele (p. 61), Ingalill Snitt (p. 37, 39, 49, 67, 69, 73, 93, 121), Nicolas Tosi (p. 11, 17), Simon Upton (p. 25), Minh + Wass (p. 23, 123), Alexandre Weinberger (p. 115).

CONCEPTION/RÉALISATION
Catherine Ardouin (p. 9,11, 15, 17, 21, 31, 35, 37, 41, 47, 55, 67, 71, 79, 85, 89, 93, 97, 99, 109, 115, 119, 121), Jean-Pascal Billaud (p. 125), Nelly Guyot (p. 51), Marie Kalt (p. 25, 27, 29, 39, 59, 81, 95, 103, 117), Christine Puech (p. 33, 43, 45, 95, 111), Phuong Pfeufer (p. 77), Daniel Rozensztroch (p. 7, 13, 19, 23, 49, 57, 61, 65, 69, 73, 87, 101, 107, 113, 123), David Souffan (p. 53).

REMERCIEMENTS
Nicolas Adnet, Rodney Archer, Selvaggia Armani, Antoine Audiau, Michèle Batard-Téna, Nancy Bridger, Paolo Cesana, Alain David-Idoux, Christophe Delcourt, Armand Doré, Françoise Dorget, Laure Dousso, Sophie Duruflé, Raimondo Garau, Martha Gessler, Eva Gnaedinger, Didier Gomez, Habitat, Marc Hertrich, Gerardo Iannelo, Anne Israël, Alexandre Jockmans, Michèle Joubert, Munnu Kasliwal, Dominique Kieffer, Zoé Legrand, Florence Le Meaux, Evert et Solveig Malmström, Marcel Marongiu, Armelle Mary, Frédéric Méchiche, Jean-Louis Menesson, Ariane Mercier, Philippe Model, Anne Molfessis, François Muracciole, Paola Navone, Nathaly Nicolas, Jean Nouvel, Jean Oddes, Manolis Pandelidakis, Izhar Patkin, Françoise Pialoux, Johanne Riss, John Rocha, Daniel Rozensztroch, Anne Rueyres, Hunt Slonem, Katarina Sorlin, Tommy Tune, Lars Wallin, Manuel Warosz, Thierry Watorek, Matthew Williamson.